12 TRiBUS DE iSRAEL

Libro de Actividades para Principiantes

Libro de actividades de las 12 tribus de Israel para principiantes

ISBN: 978-1-989961-75-9

Autora: Pip Reid
Director Creativo: Curtis Reid
Editor: Aileen Nieto

Para obtener recursos bíblicos gratuitos y Paquetes para Maestros, incluyendo páginas para colorear, hojas de trabajo, exámenes y más, visite nuestro sitio web en:

shop.biblepathwayadventures.com

Introducción para los padres

Disfrute enseñando a sus niños sobre los antiguos israelitas con nuestro *Libro de actividades de las doce tribus de Israel para principiantes*. Desde Jacob (Israel) y sus hijos en Canaán hasta la entrada de los israelitas en la Tierra Prometida, a los niños les encantará aprender la historia de las doce tribus de Israel. Repleto de divertidas hojas de trabajo, páginas para colorear y rompecabezas para ayudar a los educadores como usted a enseñar a los más pequeños la fe bíblica.

Bible Pathway Adventures® ayuda a los educadores a enseñar a los niños la fe bíblica de forma divertida y atractiva. Lo hacemos a través de nuestros libros de actividades y actividades imprimibles gratuitas, disponibles en nuestro sitio web: www.biblepathwayadventures.com

Gracias por comprar este libro de actividades y apoyar nuestro ministerio. Cada libro comprado nos ayuda a continuar nuestro trabajo proporcionando paquetes de aula gratuitos y recursos de discipulado a las familias y misiones de todo el mundo.

¡La búsqueda de la verdad es más divertida que la tradición!

Índice de contenido

Manualidades y Proyectos

Soy un israelita

Las 12 tribus de Israel

Hace mucho tiempo, en la tierra de Canaán, vivía un hombre hebreo llamado Jacob. Tenía cuatro esposas: Lea y Raquel (que eran sus verdaderas esposas), y Bilhah y Zilpah (que eran sus concubinas). Juntos tuvieron doce hijos: Rubén, Simeón, Leví, Judá, Dan, Neftalí, Gad, Aser, Isacar, Zabulón, José y Benjamín. Los descendientes de estos doce hijos se convirtieron en las 12 tribus de Israel (Génesis 49).

Cada tribu llevaba el nombre de un hijo o nieto de Jacob (Israel). Aunque las tribus se convirtieron en una sola nación, cada tribu era muy diferente. De hecho, eran tan diferentes que Jacob dio a cada hijo una bendición diferente antes de morir.

Muchos años más tarde, después de que los hebreos vivieran en la esclavitud en Egipto, Yah utilizó a un hombre llamado Moisés para sacarlos de Egipto y llevarlos a Canaán, la Tierra Prometida. En el camino, los hebreos se convirtieron en la gran nación de Israel, y tuvieron muchas aventuras. Convirtámonos en viajeros del tiempo de la Torá y aprendamos sobre las doce tribus de Israel.

¿Lo sabías?

Yah cambió el nombre de Jacob por el de Israel después de que luchara contra uno de sus ángeles (Génesis 32:28). Israel significa "luchar con Dios y con los hombres, y vencer".

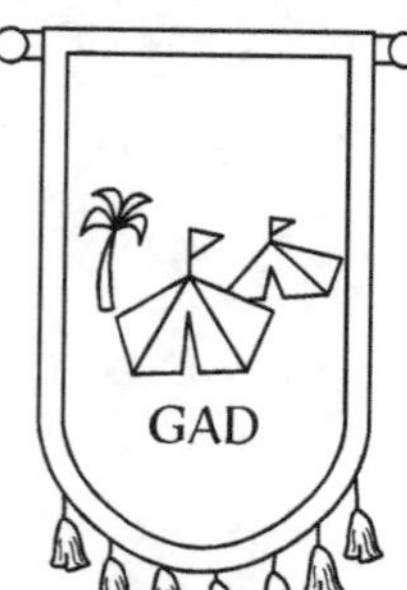

J de Jacob

Jacob era hijo de Isaac y nieto de Abraham.
Las 12 tribus de Israel recibieron los nombres de los hijos y nietos de Jacob. Traza las letras. Colorea el dibujo.

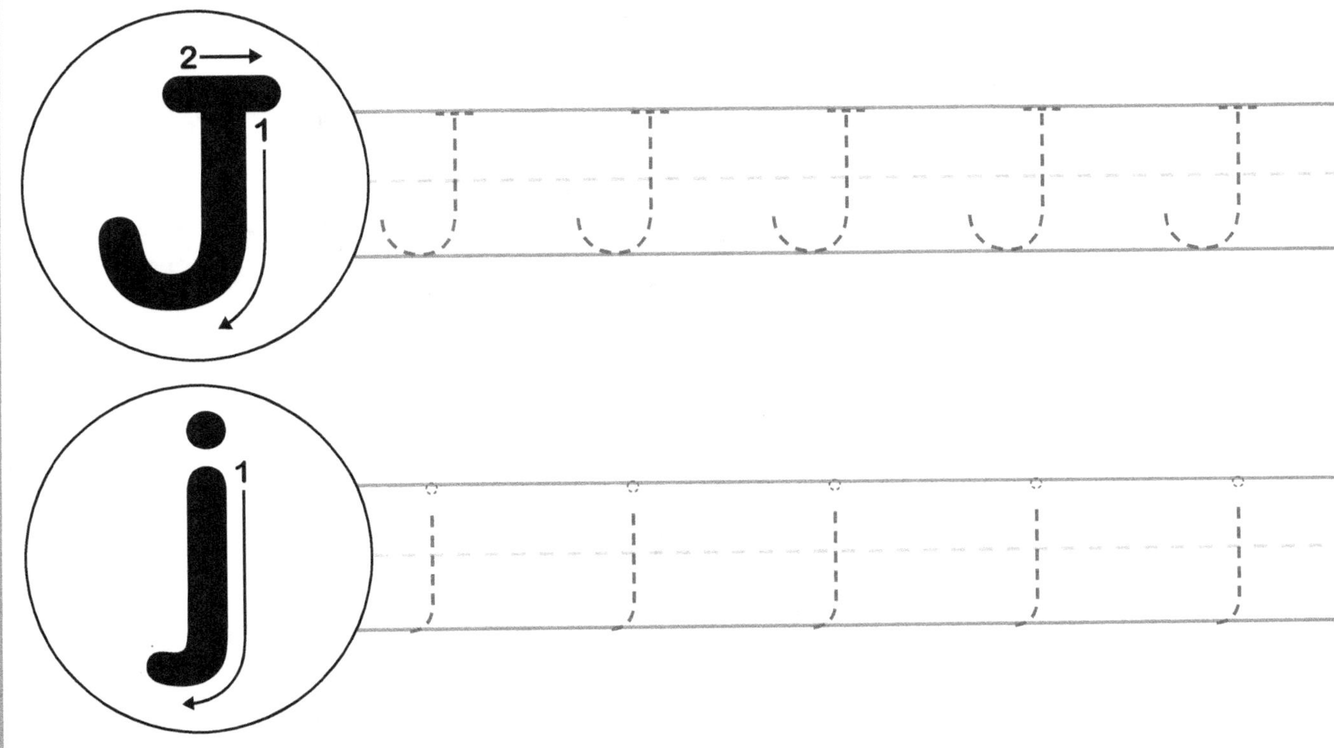

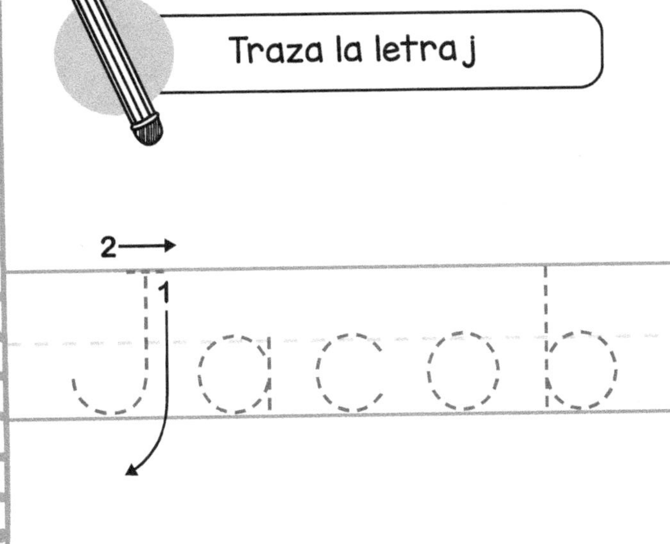

El nuevo nombre de Jacob

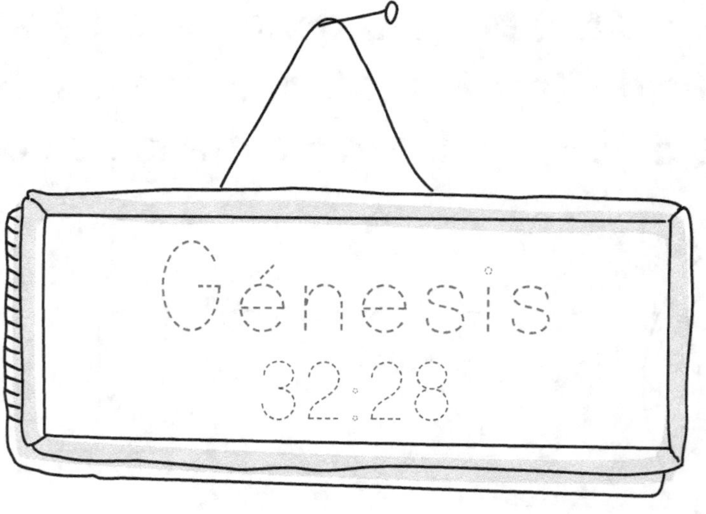

Tu nombre

no será Jacob.

Será Israel.

La familia de Jacob (Israel)

Jacob tenía dos esposas y dos concubinas. Sus nombres eran Lea, Raquel, Zilpa y Bilha. ¿Cuántos hijos tuvieron? Cuenta los hijos y escribe el número en el recuadro.

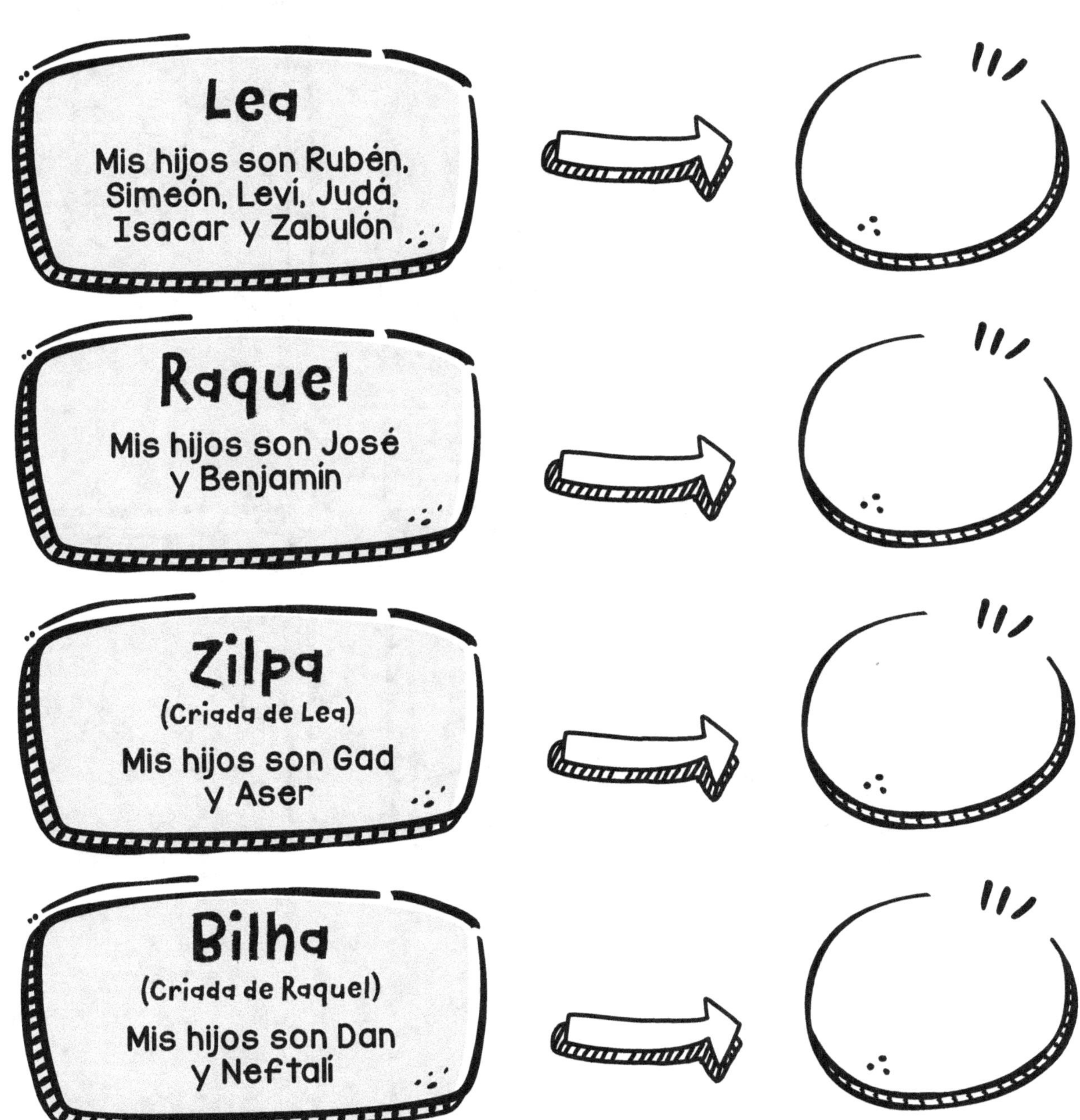

Doce hijos de Jacob (Israel)

Jacob tuvo doce hijos. ¿Quiénes eran?
Escribe un nombre debajo de cada cuadro.
Colorea los dibujos.

Doce hijos de Jacob (Israel)

Traza los nombres. Colorea los dibujos.

Dan
Neftalí
Gad
Aser

Isacar
Zabulón
José
Benjamín

Ovejas y cabras

Jacob y sus hijos vivían en la tierra de Canaán.
Eran pastores. Cuidaban de las ovejas y las cabras.
Colorea las ovejas de amarillo. Colorea las cabras de azul.

A Egipto...

José era uno de los doce hijos de Jacob. Lo vendieron a unos comerciantes por 20 piezas de plata. Los comerciantes lo llevaron a la tierra de Egipto (Génesis 37:18-28). Une los puntos para mostrar el viaje de José.

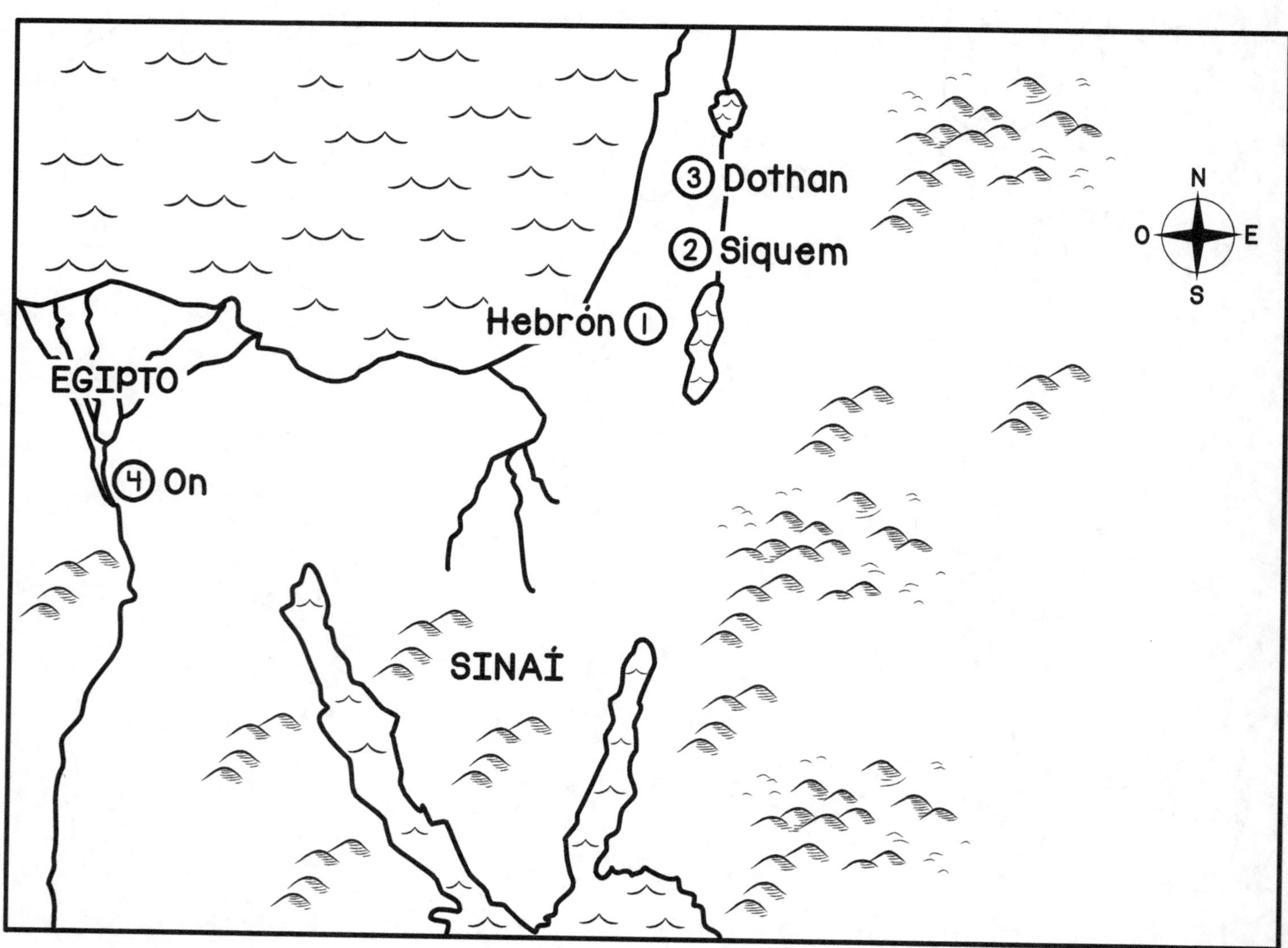

Piezas de plata

Los hijos de Jacob vendieron a José a los comerciantes por 20 piezas de plata. Los comerciantes llevaron a José a la tierra de Egipto.

Diseña tu propia pieza de plata en el espacio siguiente.

¡Potifar está bendecido!

En Egipto, José trabajó duro para un hombre llamado Potifar. Éste nombró a José jefe de su casa (Génesis 39:1-6). Colorea la casa de Potifar.

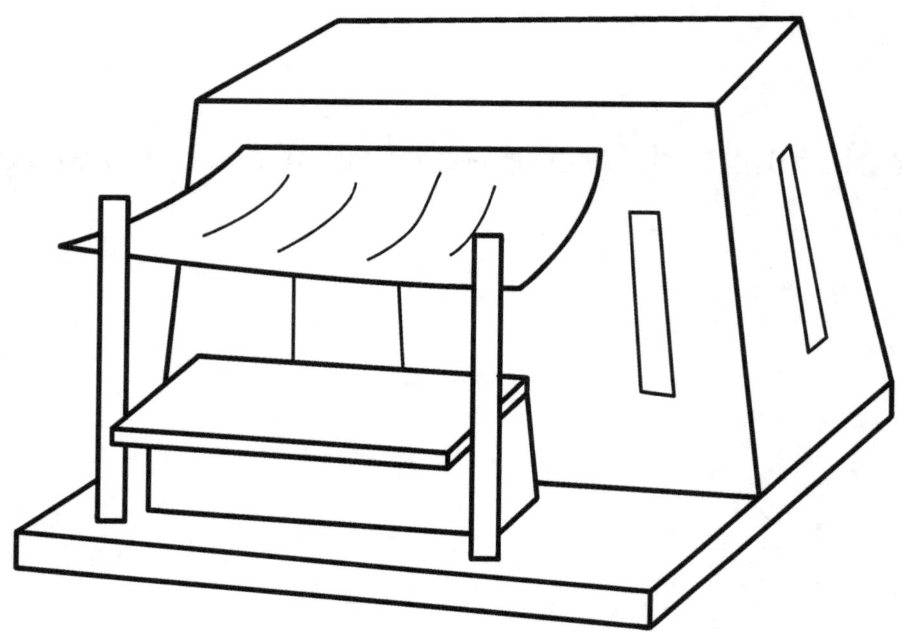

Dios bendijo todo en la casa y los campos de Potifar a causa de José. Colorea los objetos de la casa de color ROJO. Colorea los objetos del campo de color MARRÓN.

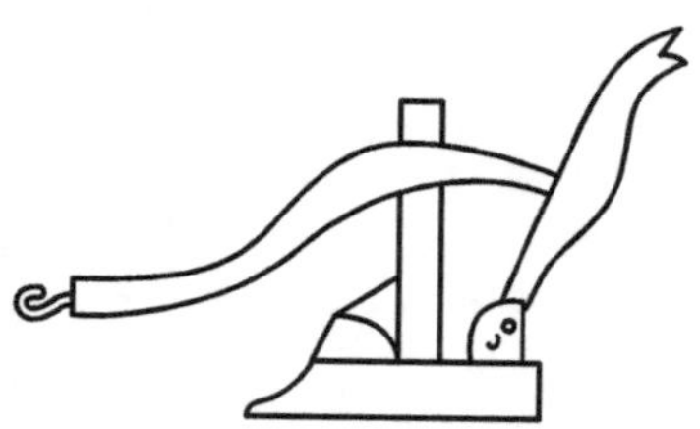

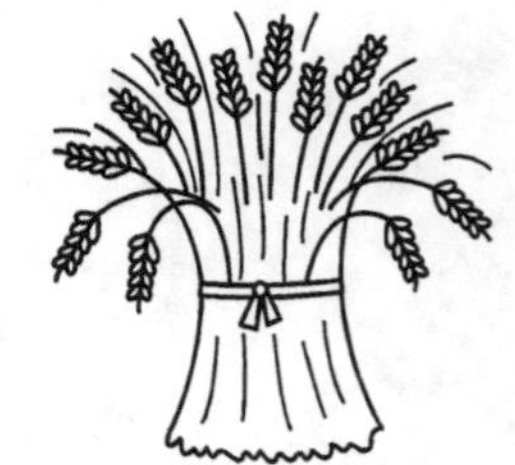

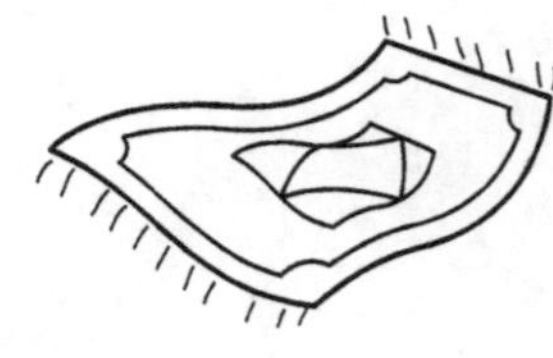

 José explica dos sueños 

La mujer de Potifar dijo mentiras sobre José, por lo que Potifar lo metió en la cárcel. Allí José conoció a un mayordomo y a un panadero. El mayordomo soñó con uvas. El panadero soñó con pan. José les ayudó a entender sus sueños (Génesis 40:1-19). Relaciona el sueño con el prisionero.

mayordomo

panadero

El carro de José

Mientras José estaba en prisión, ayudó al faraón a entender sus dos sueños. El faraón se alegró. Hizo a José gobernante de Egipto y le dijo que montara en un carro especial (Génesis 41:41-43). Dibuja a José en el interior del carro.

¡Veo, veo!

José guardó alimentos en Egipto durante siete años. Almacenó los alimentos en las ciudades (Génesis 41:48). ¿Qué alimentos guardó? Colorea los mismos alimentos de un solo color. Luego cuenta cada tipo de alimento y escribe el número en la etiqueta.

Hambre en Canaán

Jacob y sus hijos no tenían suficiente comida. Ayuda a los hijos de Jacob a llegar a la tierra de Egipto para comprar comida.

José ayuda a sus hermanos

Lee Génesis 42:25. Cuando José vio a sus hermanos, quiso ayudarlos. ¿Qué artículos les dio para que se los llevaran a casa? Traza una línea de puntos desde cada objeto hasta el burro. Colorea los dibujos.

La copa de plata

Después de algún tiempo, los hermanos volvieron a Egipto. José le dijo a un sirviente que escondiera su copa de plata en el saco de Benjamín.
Une los puntos para ver la imagen.

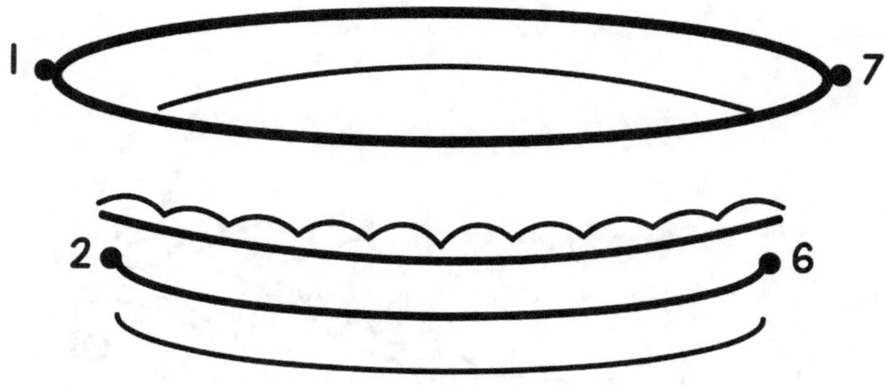

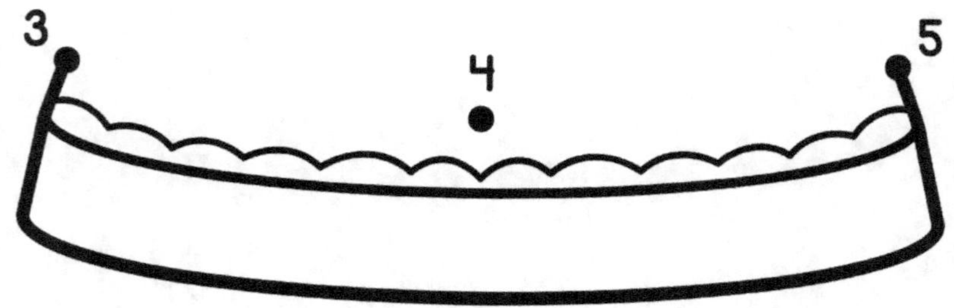

El secreto de José

Rellena los espacios en blanco con las letras en el recuadro de abajo. ¿Qué ves?

__ __ __
19 15 25

__ __
20 21

__ __ __ __ __ __ __
8 5 18 13 1 14 15

A	B	C	D	E	F	G	H	I	J	K	L	M
1	2	3	4	5	6	7	8	9	10	11	12	13
N	O	P	Q	R	S	T	U	V	W	X	Y	Z
14	15	16	17	18	19	20	21	22	23	24	25	26

¡Sorpresa!

Lee Génesis 45:1-3. José les dijo a sus hermanos quién era. ¿Cómo se sintieron sus hermanos? Dibuja sus caras a continuación.

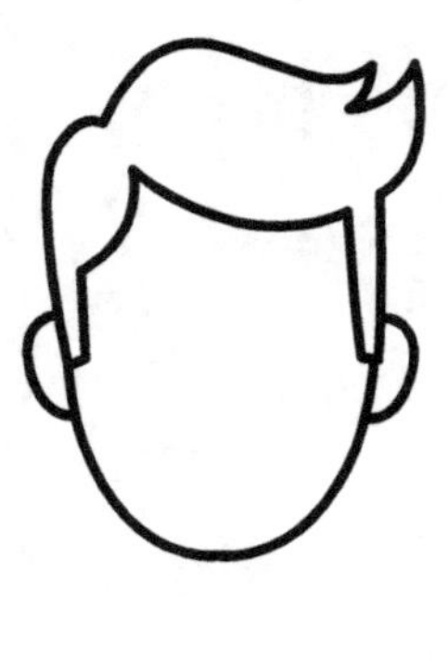

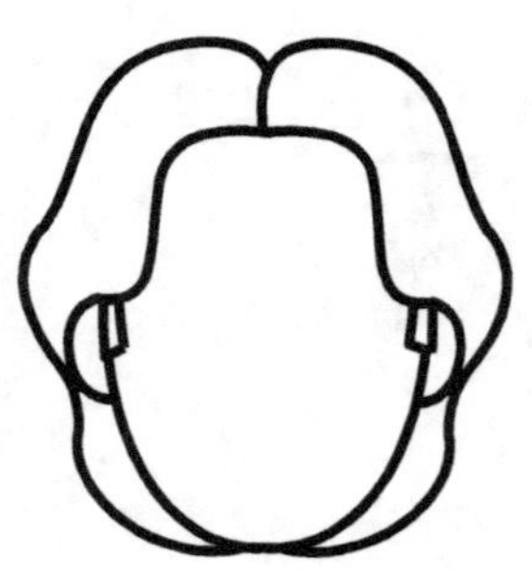

P de perdonar

José sabía que Dios había planeado todo desde el principio. Perdonó a sus hermanos por haberlo vendido como esclavo. Ahora los doce hijos de Jacob estaban juntos de nuevo. Traza las palabras. Colorea el dibujo.

P de perdonar

Israel va a Egipto

La familia de José se fue a la tierra de Egipto para vivir cerca de José. Utilizaron carros para llevar sus bienes y animales (Génesis 45:21-46:5). Traza los círculos.

Tierra de Egipto

Israel y su familia vivieron en la tierra de Egipto durante muchos años. Encuentra y rodea cada una de las palabras de la siguiente lista.

M	W	Q	B	I	J
E	G	I	P	T	O
H	I	J	O	S	S
J	D	I	O	S	É
I	S	R	A	E	L
T	I	E	R	R	A

EGIPTO DIOS
HIJOS TIERRA
ISRAEL JOSÉ

¿Dónde está Egipto?

Los hebreos vivieron en la tierra de Egipto durante muchos años. Colorea Egipto de verde. Colorea el agua de azul.

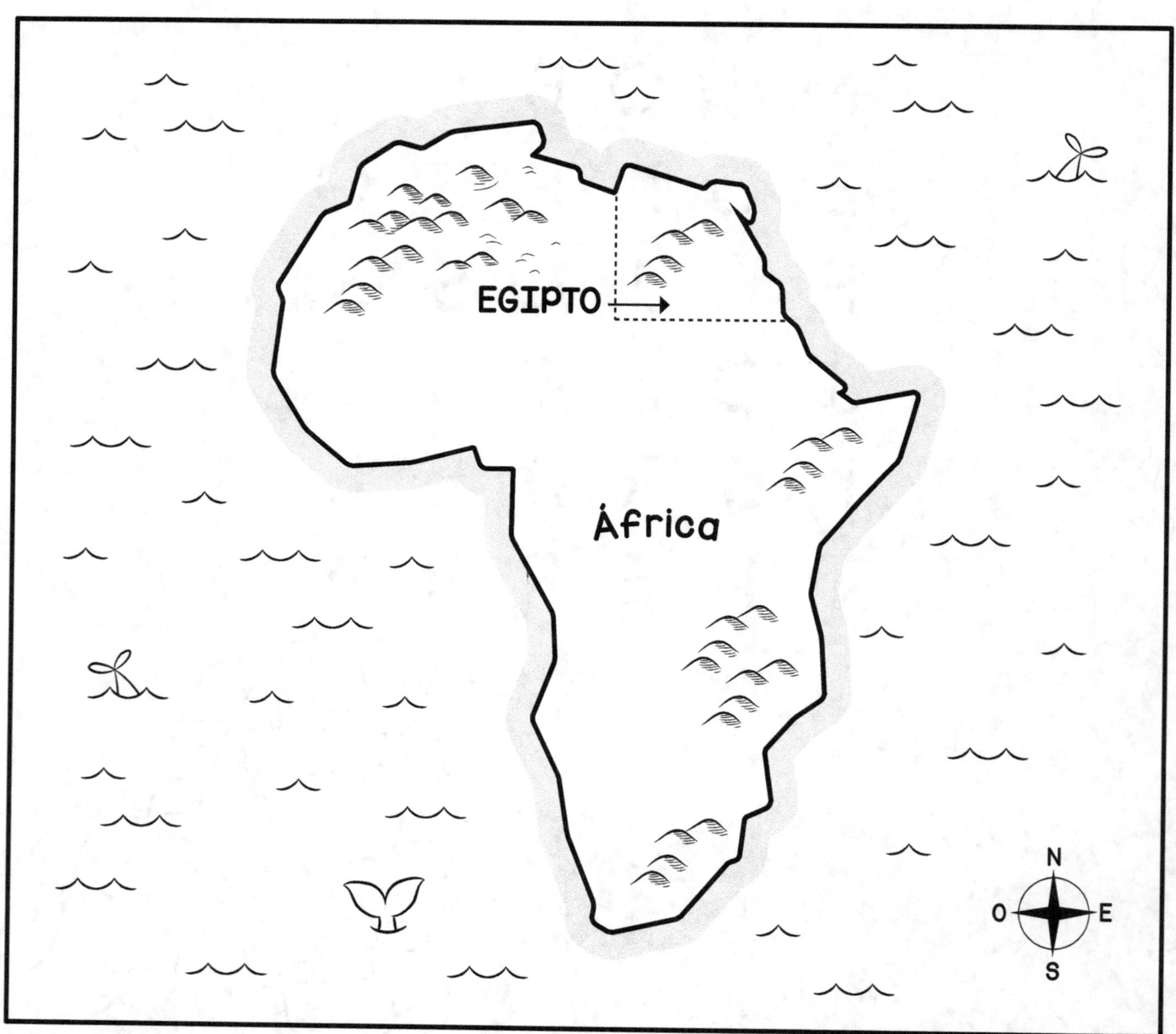

Esclavos en Egipto

Los hebreos tuvieron muchos hijos.
¡Egipto estaba lleno de hebreos! El faraón estaba asustado. Los hizo trabajar más y más duro hasta que le pidieron a Dios que los salvara.

Veo un hebreo

¿Quién era Moisés?

Rellena los espacios en blanco con las letras en el recuadro de abajo. ¿Qué ves?

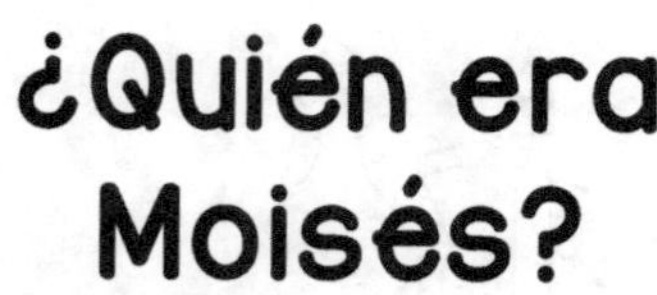

__ __ __ __ __ __
13 15 9 19 5 19

__ __ __
5 18 1

__ __ __ __ __ __
8 5 2 18 5 15

A	B	C	D	E	F	G	H	I	J	K	L	M
1	2	3	4	5	6	7	8	9	10	11	12	13
N	O	P	Q	R	S	T	U	V	W	X	Y	Z
14	15	16	17	18	19	20	21	22	23	24	25	26

El plan de Yah para Moisés

Moisés nació en Egipto.

Era un hebreo.

Moisés huyó a Madián.

Yah le dijo: "Libera a mi pueblo".

Moisés volvió a Egipto.

Le pidió al faraón

que liberara a los hebreos.

El rey de Egipto

El faraón era el rey de Egipto. Moisés y Aarón le pidieron que dejara ir a los hebreos (Éxodo 7:10). Traza las palabras. Colorea el dibujo.

El rey de Egipto

Moisés y Aarón ante el faraón

Aarón obedeció las instrucciones de Dios. Arrojó su bastón ante el faraón y éste se convirtió en una serpiente. ¿Puedes seguir instrucciones como Aarón? Utiliza el código de colores para terminar el dibujo.

1 = verde	2 = rojo	3 = amarillo	4 = marrón

3 3 4 2 4 1 4 2 4 2 4 2 4 4 2 4 4 2 4 1 1 1 1 4 1

Las diez plagas

Dios quería liberar a los israelitas. Envió diez plagas a Egipto. ¿Puedes contarlas y escribir el número?

La Pascua

La décima plaga era la muerte de los primogénitos. Dios protegió a los israelitas de esta plaga. Les dijo que pusieran sangre de cordero en la parte superior y en los lados de sus puertas (Éxodo 12). Dibuja la sangre en la parte superior y los lados de la puerta.

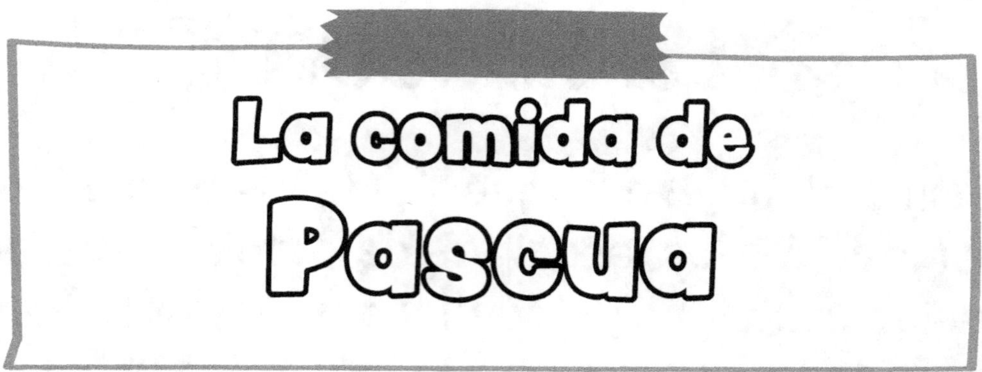

La comida de Pascua

Los israelitas comieron cordero, hierbas amargas y pan sin levadura (matzah) en la primera comida de la Pascua. Dibuja los alimentos que comes para la Pascua.

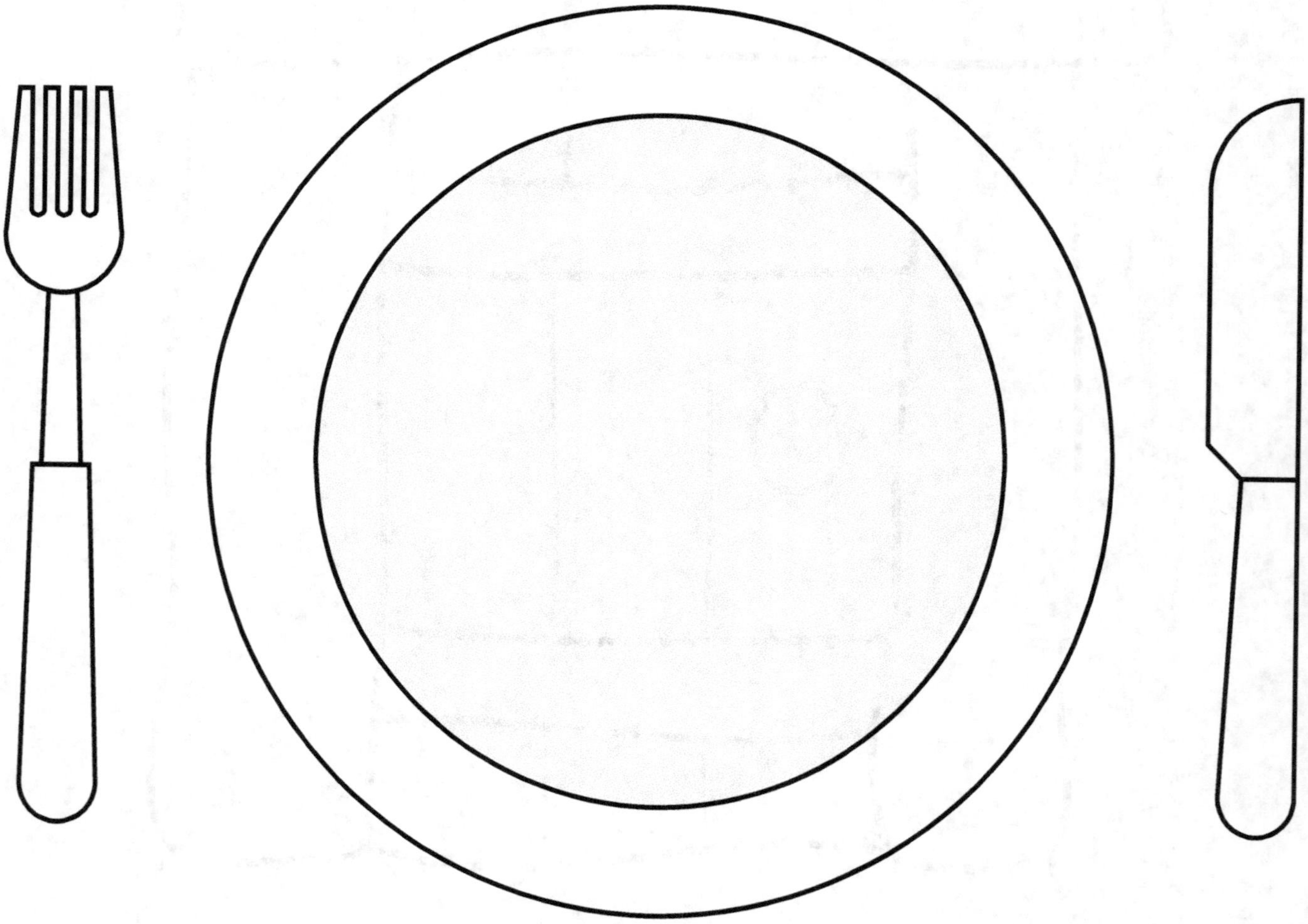

Matzah

La palabra hebrea para el pan sin levadura es matzah. La matzah es un tipo de pan hecho con harina y agua. Los israelitas salieron de Egipto durante la Fiesta de los Panes sin Levadura (Éxodo 13). En el cuadro de abajo, dibuja un trozo de matzah para cada persona de tu familia. ¿Cuántas piezas de matzah has dibujado?

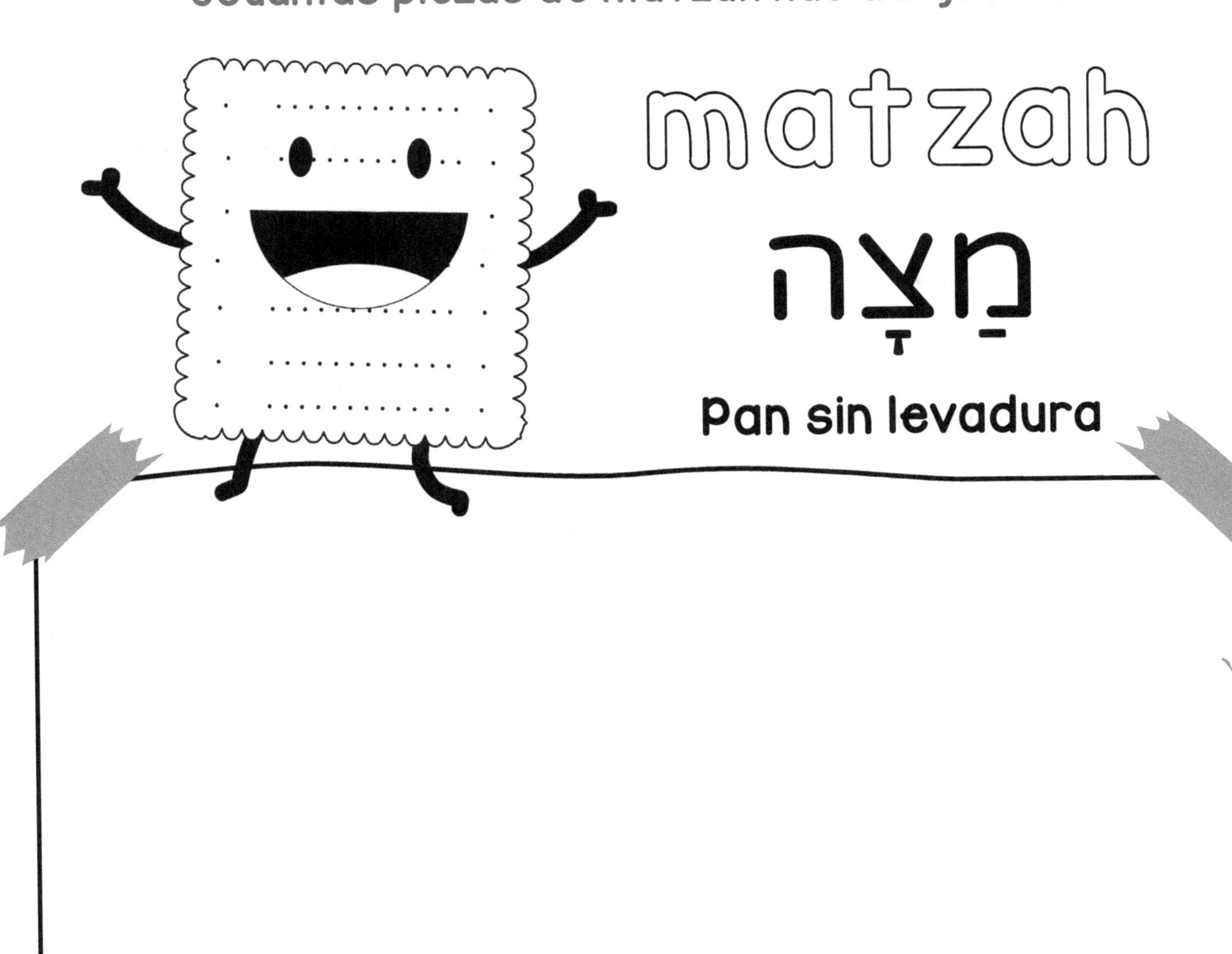

matzah

מַצָּה

Pan sin levadura

¡Vamos!

Si tuviera que salir de Egipto, me llevaría estos artículos...

....

....

....

....

Ayuda a los israelitas a cruzar el mar Rojo

Educadores: Lean Éxodo 14. Hagan preguntas a los niños sobre el cruce del mar Rojo. Cuando respondan correctamente, pueden colorear un cuadrado y avanzar por el mar hasta llegar al otro lado.

Maná y codorniz

Yah cuidó de los israelitas en el desierto. Todos los días les enviaba maná y codornices para comer (Éxodo 16). Colorea la comida que envió por la mañana de color ROJO. Colorea la comida que envió por la noche de color AZUL.

Agua de la roca

Yah les dio a los israelitas agua para beber de una roca (Éxodo 17). ¡Pega trozos de papel azul en la roca para hacer una cascada!

Israel en el Monte Sinaí

Los israelitas acamparon en el Monte Sinaí.
Una espesa nube descendió sobre la montaña.
Hubo truenos y relámpagos y un fuerte sonido de shofar (Éxodo 19:16). Traza la nube y los rayos. Colorea el dibujo.

Monte Sinaí

Encuentra y rodea cada una de las palabras de la siguiente lista.

R	P	N	X	D	S
N	U	B	E	I	H
Z	N	L	Z	O	O
D	I	E	Z	S	F
T	I	E	N	D	A
F	U	E	G	O	R

FUEGO TIENDA
DIEZ DIOS
SHOFAR NUBE

Los diez mandamientos

En el desierto, Dios les dio a los israelitas los diez mandamientos (Éxodo 20:1-17). Lee los diez mandamientos. Colorea los dibujos.

Yo soy Yahvé, tu Dios

No tengas otros dioses

No tomes el nombre de Dios en vano

Recuerda el Sabbat

Honra a tu padre y a tu madre

No asesinarás

No cometerás adulterio

No robarás

No mentirás

No codiciarás las cosas de los demás

T de tribu

Una tribu es un gran grupo de personas. Suelen ser de la misma familia. Hay doce tribus de Israel. Traza las letras y la palabra. Colorea el dibujo.

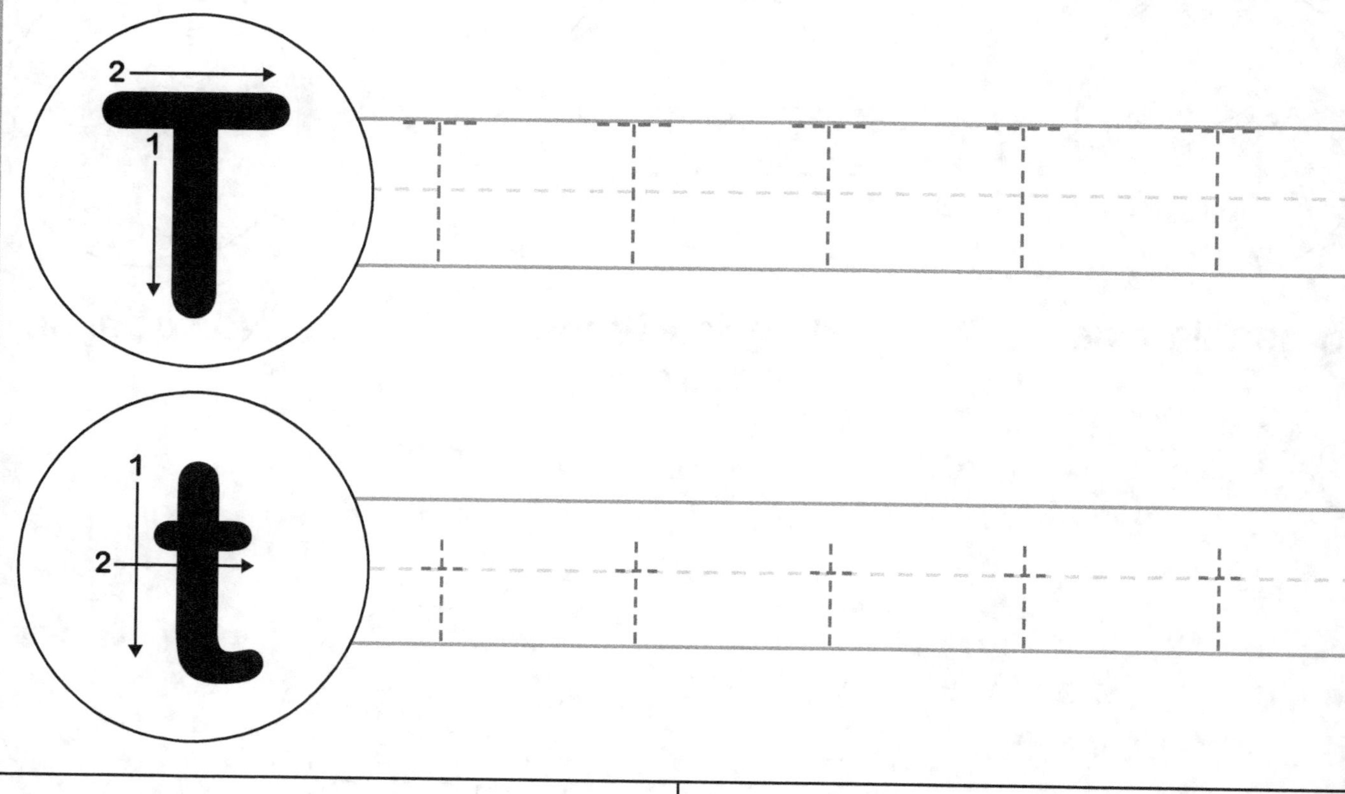

Trazar la letra t

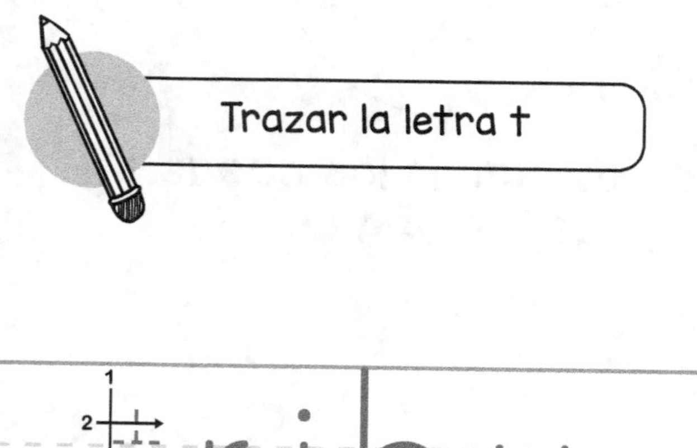

Colorea el estandarte

Las 12 tribus de Israel 

Los descendientes de los 12 hijos de Jacob (Israel) se convirtieron en las 12 tribus de Israel.

Hijos	Tribus
Rubén	Rubén
Simeón	Simeón
Leví	~~Leví~~
Judá	Judá
Dan	Dan
Neftalí	Neftalí
Gad	Gad
Aser	Aser
Isacar	Isacar
Zabulón	Zabulón
José	~~José~~ Manasés y Efraín
Benjamín	Benjamín

Leví no obtuvo tierras pero tuvo que cuidar el tabernáculo
José fue dividido en dos tribus: Manasés y Efraín

** Descendientes son personas nacidas de la persona en la misma familia.

Campo de Israel

En el desierto, Dios les dijo a los israelitas que acamparan de cierta manera. Acamparon en tribus a cada lado del campamento. Dios escogió a la tribu de Leví para servir como sacerdotes. Acamparon alrededor del tabernáculo.

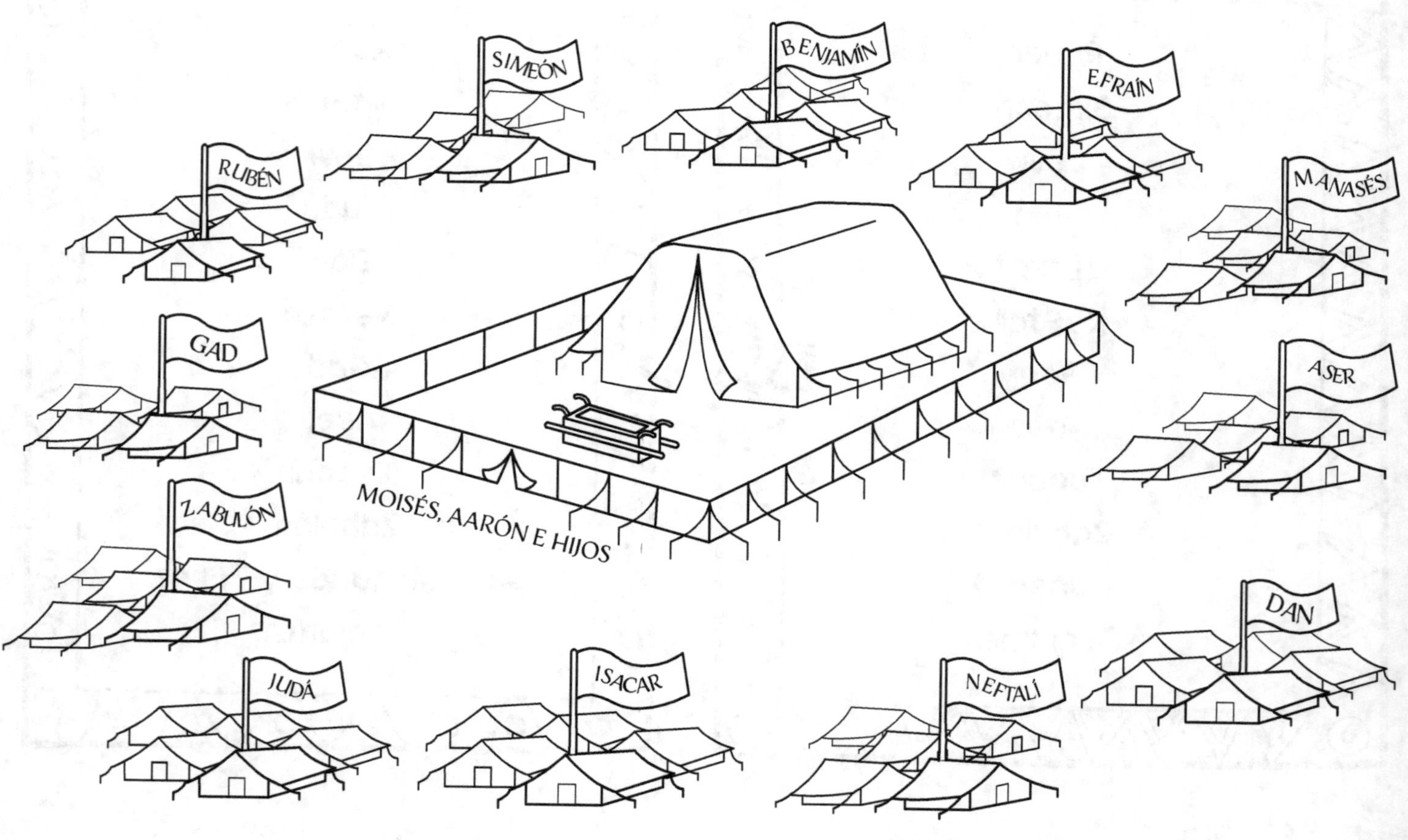

Las 12 tribus de Israel

Las 12 tribus de Israel en el desierto (Números 1:1-47).

Neftalí
נפתלי
Dan
דן
Aser
אשר
Simeón
שמעון
Rubén
ראובן
Gad
גד

¿Qué es diferente?

Encierra en un círculo la imagen que es diferente.

"Esto es el amor a DIOS: obedecer sus mandamientos."

(I Juan 5:3)

Tzitzits

Dios pidió a los israelitas que llevaran borlas en sus ropas (Números 15:38). Esto les ayudaba a recordar los mandamientos. Estas borlas se llaman tzitzits.

Colorea y traza el conjunto de tzitzits de abajo.

El séptimo día es....

Rellena los espacios en blanco con las letras en el recuadro de abajo. ¿Qué ves?

__ __
5 12

__ __ __ __ __ __
19 1 2 2 1 20

A	B	C	D	E	F	G	H	I	J	K	L	M
1	2	3	4	5	6	7	8	9	10	11	12	13
N	O	P	Q	R	S	T	U	V	W	X	Y	Z
14	15	16	17	18	19	20	21	22	23	24	25	26

Siete

El Sabbat es el séptimo día.

Escribe el número siete en las casillas de abajo.

¿Cuántos dedos hay?

Lee Éxodo 20:11. ¿Qué hizo Dios en el séptimo día?

....

Los Tiempos Designados

En el desierto, los israelitas aprendieron sobre las Fiestas de Yah (Levítico 23). Él les dijo que celebraran estas fiestas cada año. Estas fiestas también se llaman "Tiempos Designados".

Las Fiestas de Primavera

Chag HaMatzot, Bikkurim y Shavu'ot tienen lugar en primavera. Yeshua cumplió con estas fiestas. Traza y colorea los dibujos

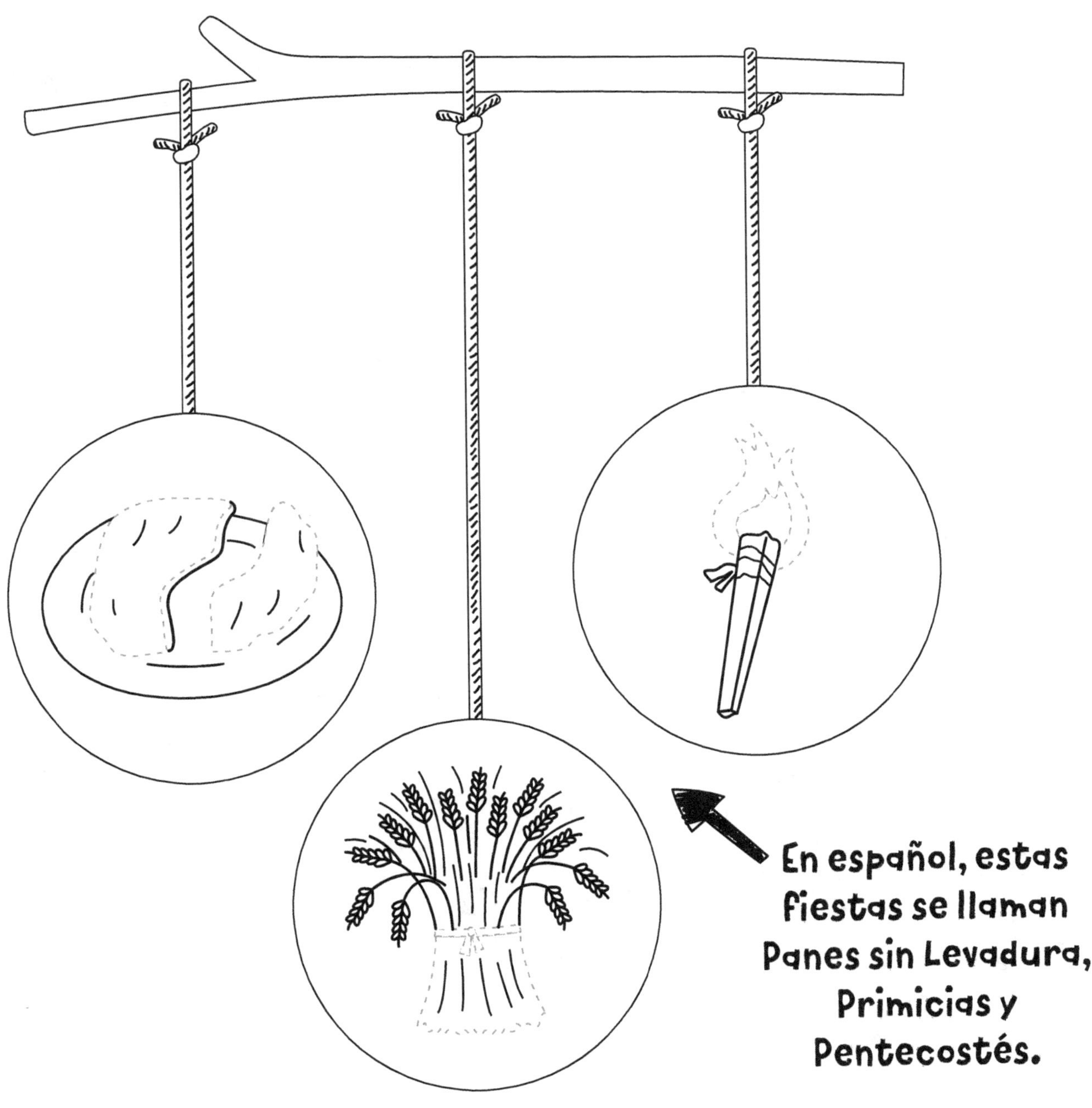

Las Fiestas de Otoño

Yom Teru'ah, Yom Kippur, Sukkot y Shemini Atzeret tienen lugar en otoño. Todas ellas apuntan a Yeshua. Traza y colorea los dibujos.

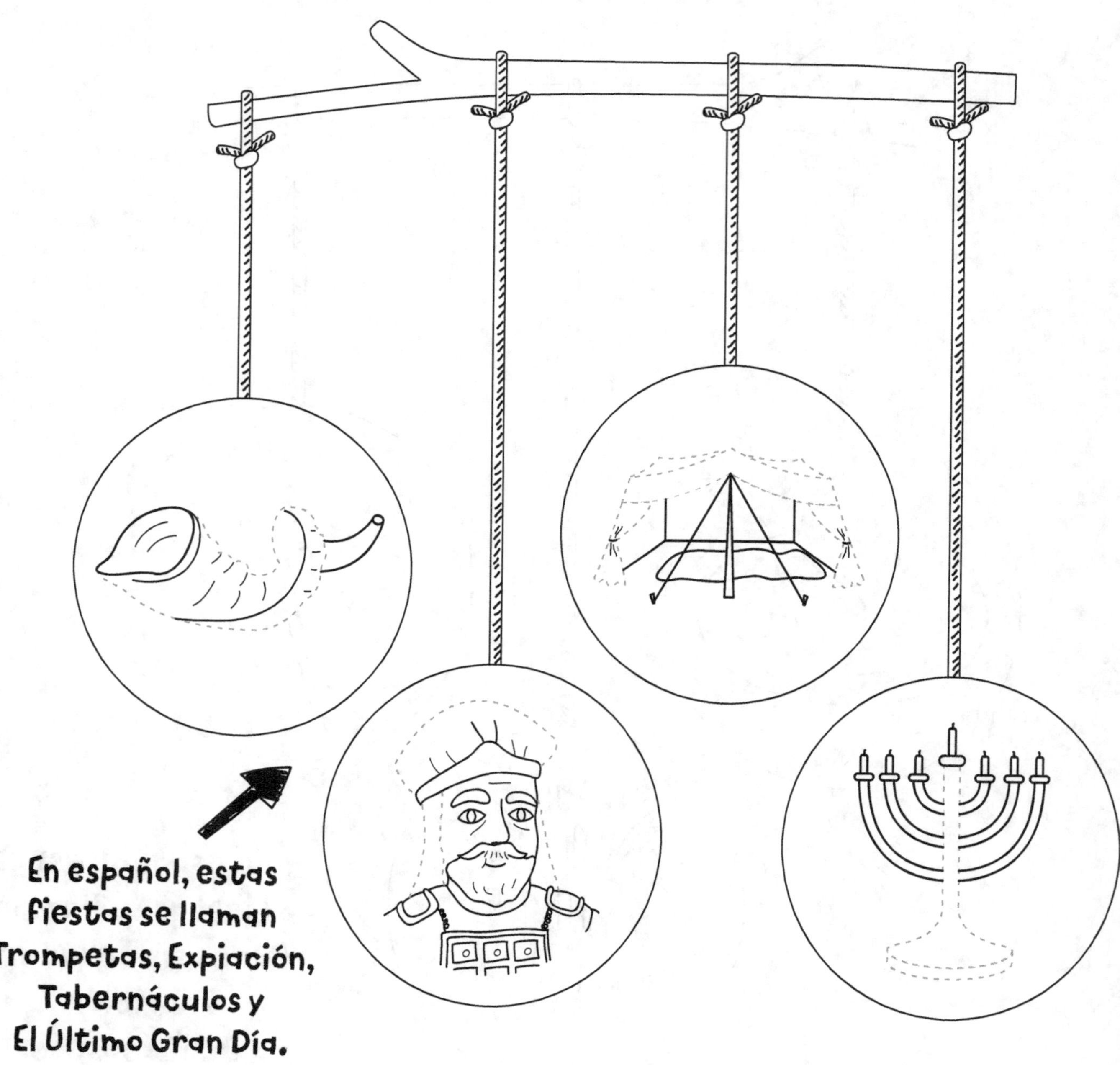

En español, estas fiestas se llaman Trompetas, Expiación, Tabernáculos y El Último Gran Día.

DECORAR
LA
SUCÁ

Tesoros del tabernáculo 

Los israelitas construyeron una tienda (un tabernáculo) en el desierto para adorar a Dios. En su interior colocaron artículos de mobiliario especiales. Traza una línea de puntos desde cada artículo hasta el tabernáculo. Colorea los dibujos.

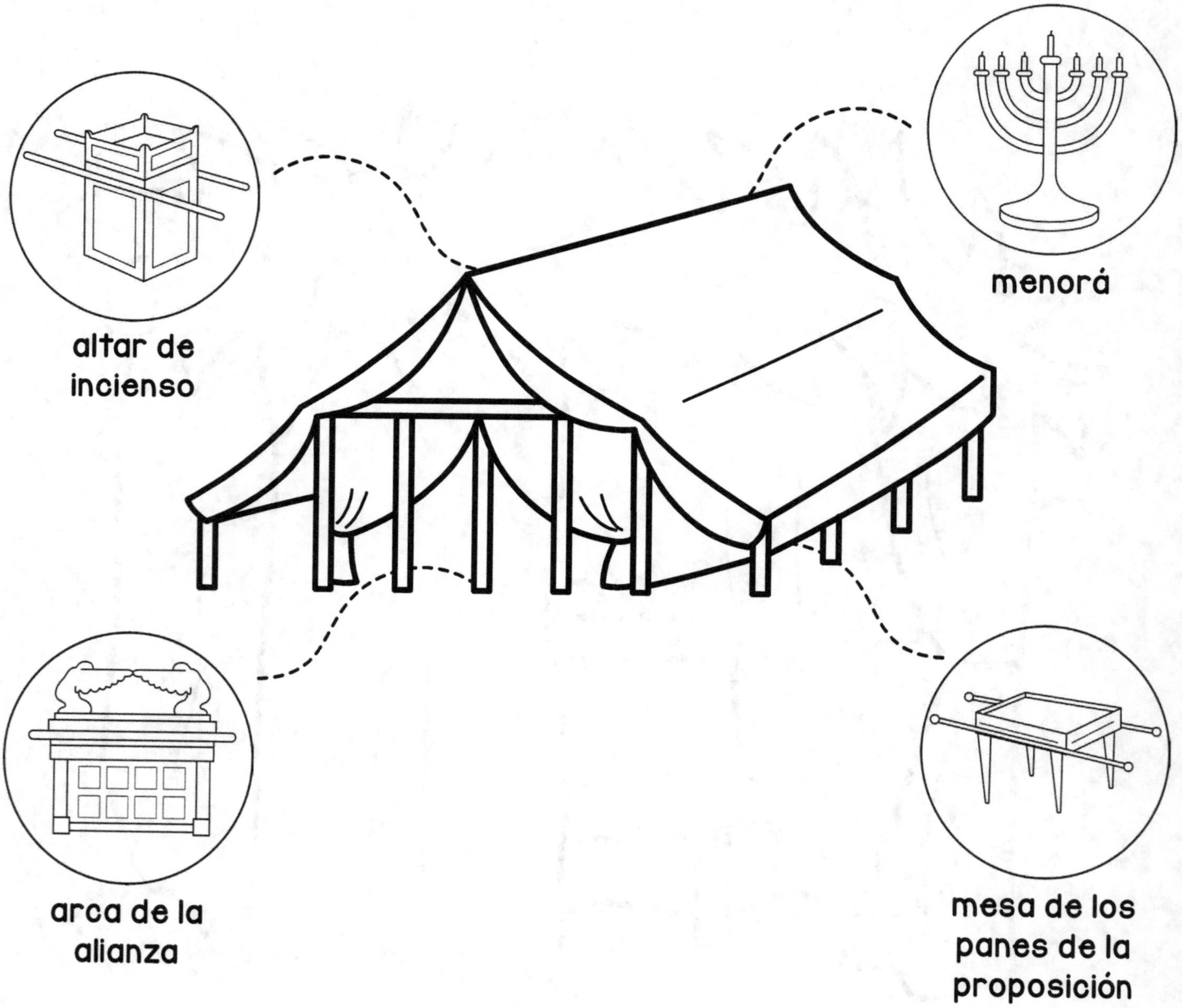

altar de incienso

menorá

arca de la alianza

mesa de los panes de la proposición

 Deberes de un sacerdote 

Los sacerdotes eran de la tribu de Leví. En el camino a la Tierra Prometida, Dios les dio muchos trabajos. ¿Puedes nombrarlos? Traza las palabras. Colorea los dibujos.

Llevar el arca

Bendecir a Israel

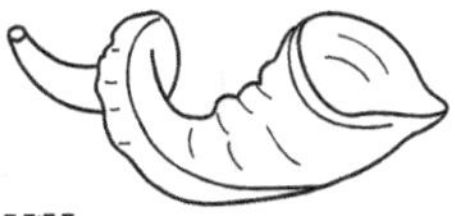

Toca el shofar

Enseñar la Torá

Veo un sacerdote

Arca de la alianza

Los sacerdotes israelitas tenían un trabajo especial: llevar el arca de la alianza. El arca era una caja cubierta de oro. Los diez mandamientos estaban dentro del arca. Traza los cuadrados. Colorea el arca.

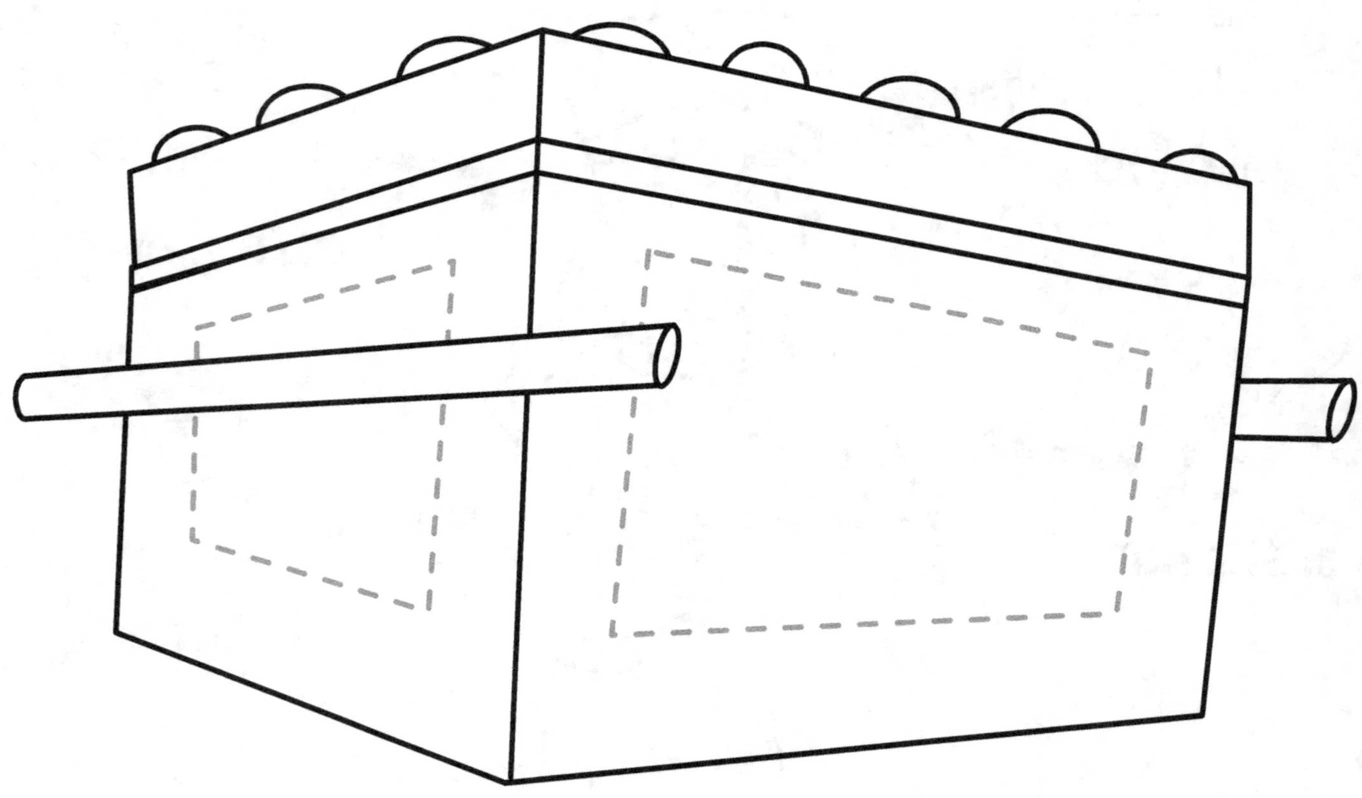

El viaje de los israelitas 

Los israelitas salieron de Egipto y se dirigieron a la tierra de Canaán (la Tierra Prometida). Conecta los puntos para ver su viaje desde Egipto hasta el río Jordán.

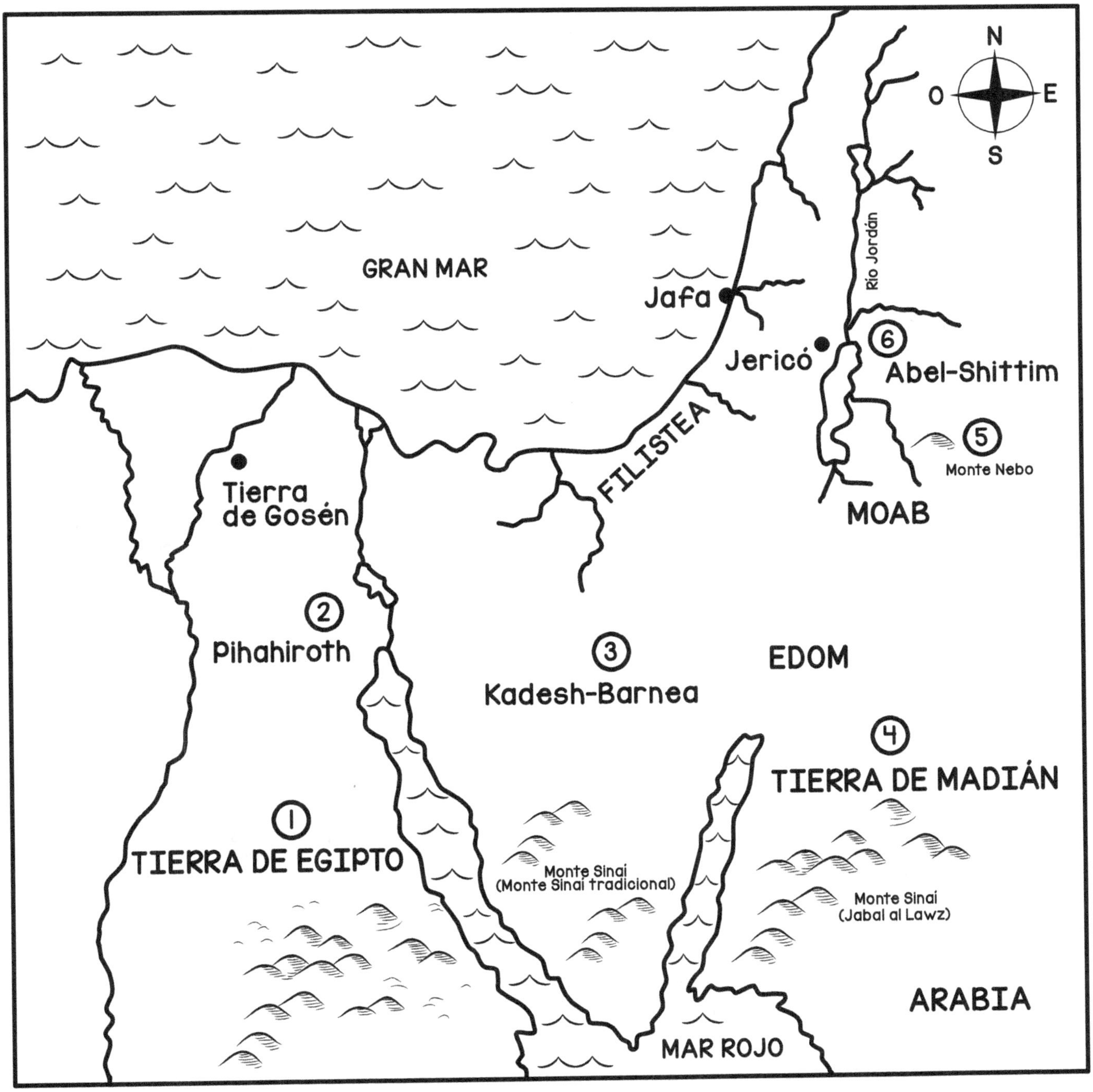

N
O
E
S
GRAN MAR
Jafa
Río Jordán
Jericó
6 Abel-Shittim
FILISTEA
5 Monte Nebo
MOAB
Tierra de Gosén
2 Pihahiroth
3 Kadesh-Barnea
EDOM
4 TIERRA DE MADIÁN
1 TIERRA DE EGIPTO
Monte Sinai (Monte Sinai tradicional)
Monte Sinai (Jabal al Lawz)
ARABIA
MAR ROJO

Espías en Canaán

Moisés envió a 12 espías a ver la tierra de Canaán; un espía de cada tribu de Israel. ¿Qué encontraron? (Números 13:1, 26-29). Traza las palabras. Colorea los dibujos.

Frutas grandes

Ciudades grandes

Personas grandes

 ¿Quién espió a Canaán? 

Dios le dijo a Moisés que eligiera un hombre de cada tribu de Israel para espiar la tierra de Canaán (Números 13:1-2). ¿Puedes contar hasta 12? Cuenta las casillas y escribe el número correcto en una casilla vacía de abajo.

 1			4
Samúa	Safat	Caleb	Igal
	6		
Oseas	Palti	Gadiel	Gadi
9			12
Amiel	Setur	Nahbi	Geuel

Coré se rebela

Algunos hombres de la tribu de Leví se quejaron de Moisés y Aarón. ¡Dios no estaba contento! (Números 16). ¿Qué pasó con los hombres y sus familias?

Aarón es el sumo sacerdote

¿Cómo mostró Dios a los israelitas que Aarón era el sumo sacerdote? Hizo que en el bastón de Aarón crecieran hojas y almendras (Números 17:8). Traza el bastón. Dibuja hojas y almendras en el bastón de Aarón.

El asna que habla

El rey Balac quería impedir que los israelitas fueran a la Tierra Prometida. Le dijo a Balaam que maldijera a los israelitas. Pero Dios lo detuvo con un asna que hablaba (Números 22:28). Nombra las partes de un asna.

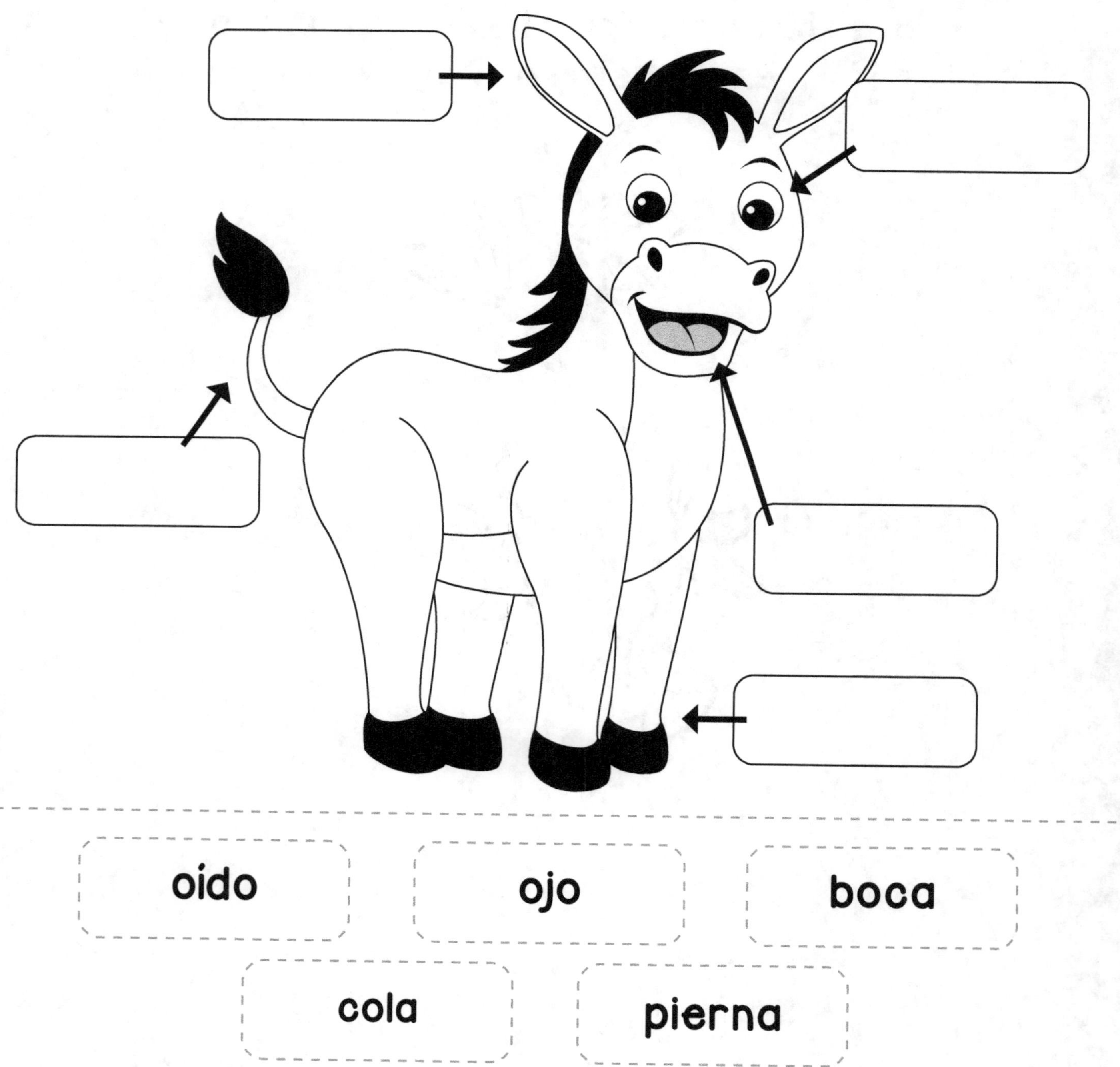

oido

ojo

boca

cola

pierna

Balaam bendice a Israel

Lee Números 23:1-2. Balaam le dijo al rey Balac que le construyera siete altares. Traza y colorea el altar de abajo.

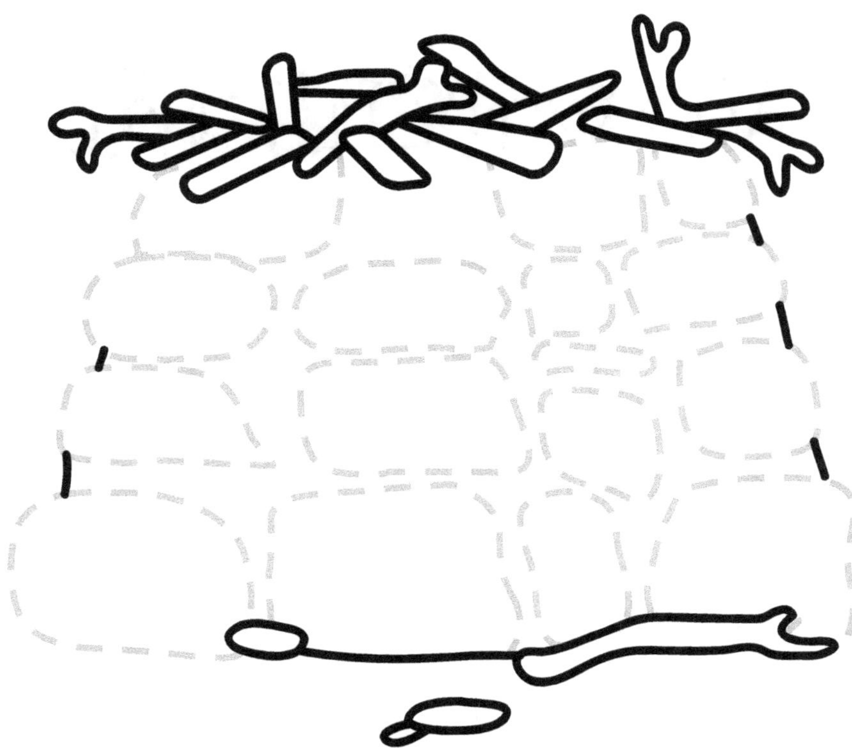

Encierra en un círculo los animales que Balaam puso en los altares.

"Te estoy dando esta tierra. Ve y tómala."

(Deuteronomio 1:8)

Encierra en un círculo y colorea el tabernáculo.

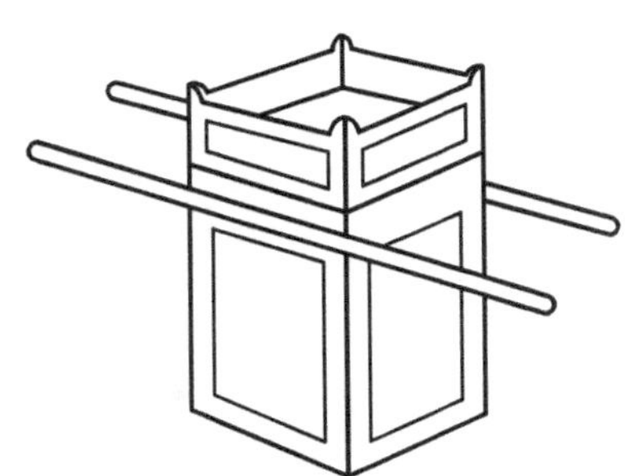

Encierra en un círculo y colorea la sucá.

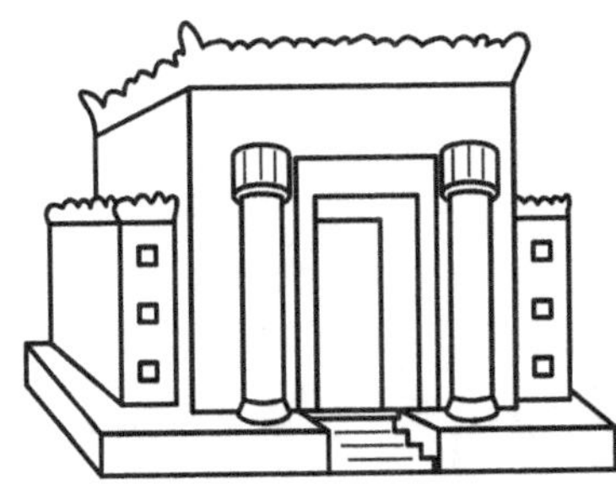

Encierra en un círculo y colorea el peto del sumo sacerdote.

Ayuda a los espías a escapar de Jericó

Los israelitas querían destruir Jericó. Enviaron a dos hombres a espiar la ciudad (Josué 2). Los hombres se escondieron bajo el lino en la parte superior de la casa de Rahab. Dibuja un poco de lino en el techo. Pega un trozo de cuerda roja desde la ventana para ayudar a los espías a escapar de la ciudad.

Los pies de los sacerdotes

Los israelitas estaban listos para cruzar el río Jordán. Los sacerdotes se adelantaron, llevando el arca de la alianza. Cuando pisaron el agua, ¡el agua se detuvo!

Necesitarás:

1. Cartón
2. Marcador
3. Tijeras
4. Limpiapipas

Instrucciones:

1. Dibuja un gran pie en una cartulina y recórtalo.
2. Dale la vuelta y calca en otra cartulina, y recórtalo. De este modo obtendrás un pie izquierdo y otro derecho iguales.
3. Haz cuatro agujeros en cada pie alrededor de donde irá el pie del niño. Introduce los limpiapipas por la parte de atrás (dos limpiapipas por cada pie). Coloca los pies del niño en los pies de cartón y sujétalos con los limpiapipas.

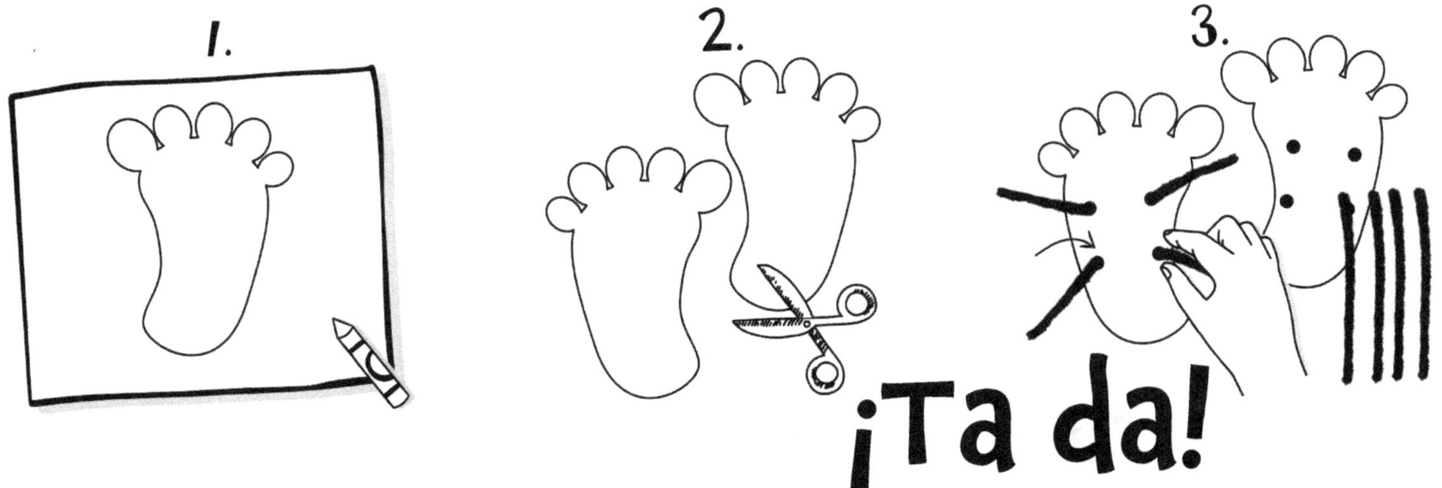

Después de que los israelitas cruzaron el río Jordán, pusieron 12 piedras en el lugar donde acamparon; una piedra por cada tribu de Israel. Las rocas recordaban a los israelitas lo que Dios había hecho. Traza y colorea cada roca de un color diferente. ¿Puedes nombrar las tribus?

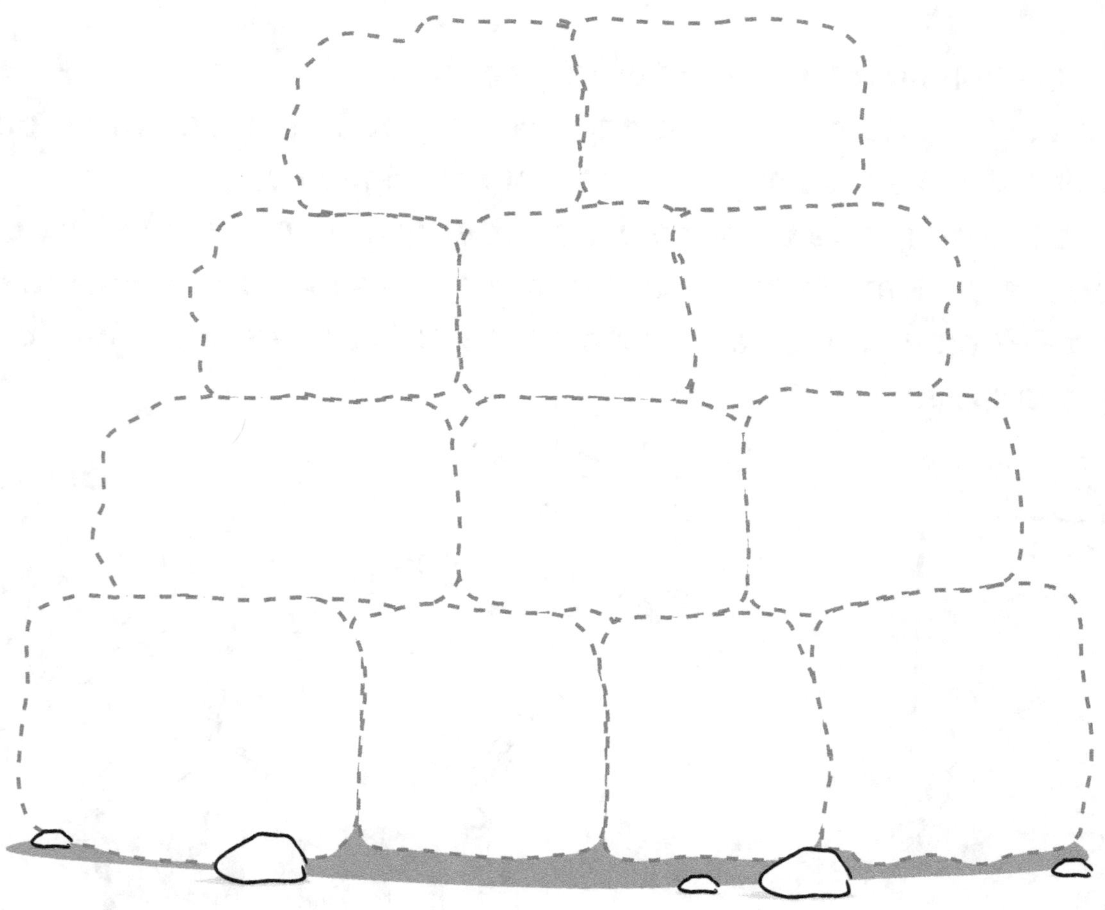

Menú del desierto

Lee Josué 5:10-12. El día después de la Pascua, Dios dejó de dar al pueblo maná para comer. En su lugar, comieron alimentos de la tierra de Canaán. Dibuja una comida israelita en el plato de abajo.

Encierra en un círculo los alimentos que los israelitas comían en la tierra de Canaán.

Haz un shofar

Los israelitas estaban preparados para la batalla. Josué dijo a los sacerdotes que marcharan alrededor de la ciudad de Jericó y tocaran los shofares.

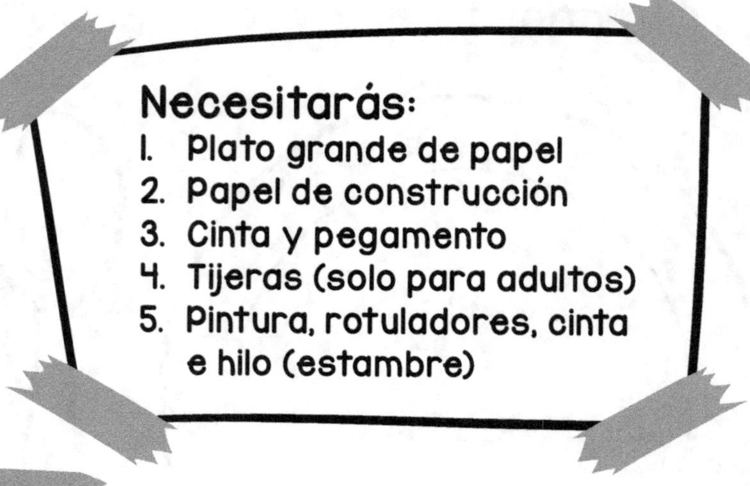

Necesitarás:

1. Plato grande de papel
2. Papel de construcción
3. Cinta y pegamento
4. Tijeras (solo para adultos)
5. Pintura, rotuladores, cinta e hilo (estambre)

Instrucciones:

1. Enrolla un plato de papel grande en forma de cono. Sujétalo con cinta adhesiva.
2. Pega papel de construcción alrededor de la forma del cono. Utiliza rotuladores, cinta o pintura para decorar tu "shofar".
3. Pasa un trozo de hilo grueso tipo estambre por el interior de tu shofar. Ata los extremos para hacer un asa.

¡Un shofar!

El shofar se fabrica con un cuerno de carnero.
Une los puntos para ver la imagen.

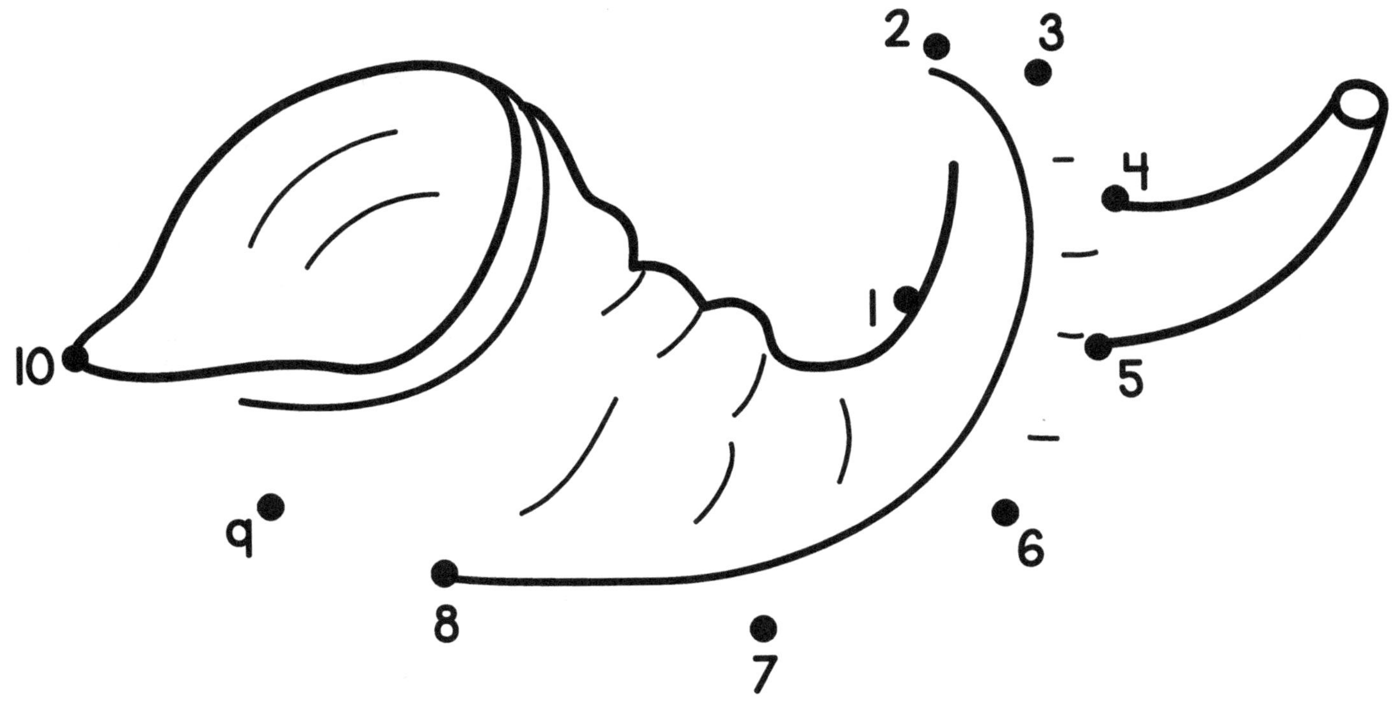

Muros de Jericó

Los israelitas ganaron la batalla (Josué 6). Entregue a cada niño una plantilla de la muralla de la ciudad y trozos de papel de colores. Peguen el papel para construir las murallas de Jericó. En la siguiente hoja de trabajo, pídales que dibujen el aspecto de Jericó después de la caída de los muros.

"sé fuerte y de buen valor."

(Josué 1:9)

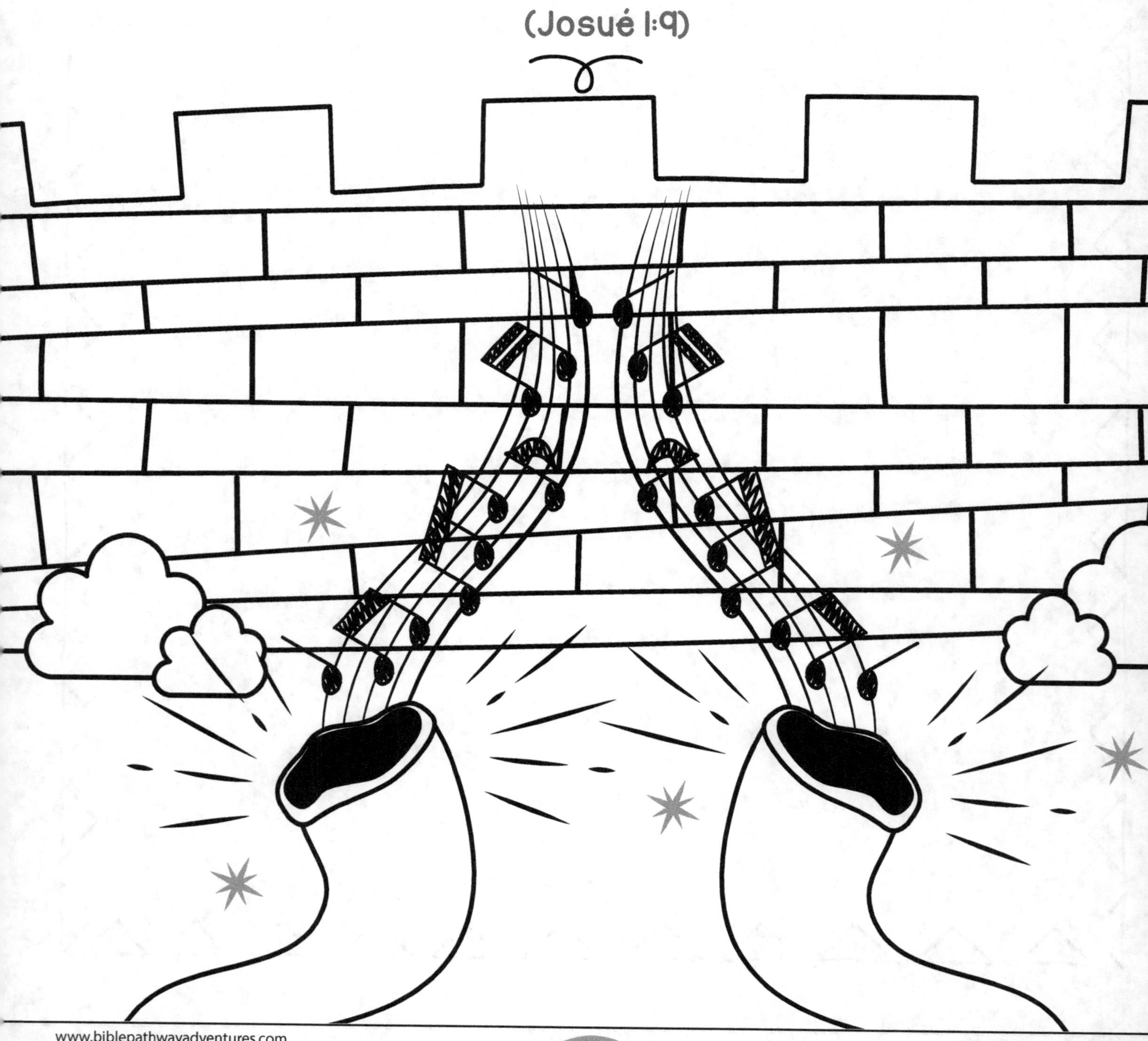

Diseñar un estandarte

Cada tribu de Israel tenía su propio estandarte (Números 1:52). Un estandarte es un tipo de bandera. Diseña y colorea tu propio estandarte.

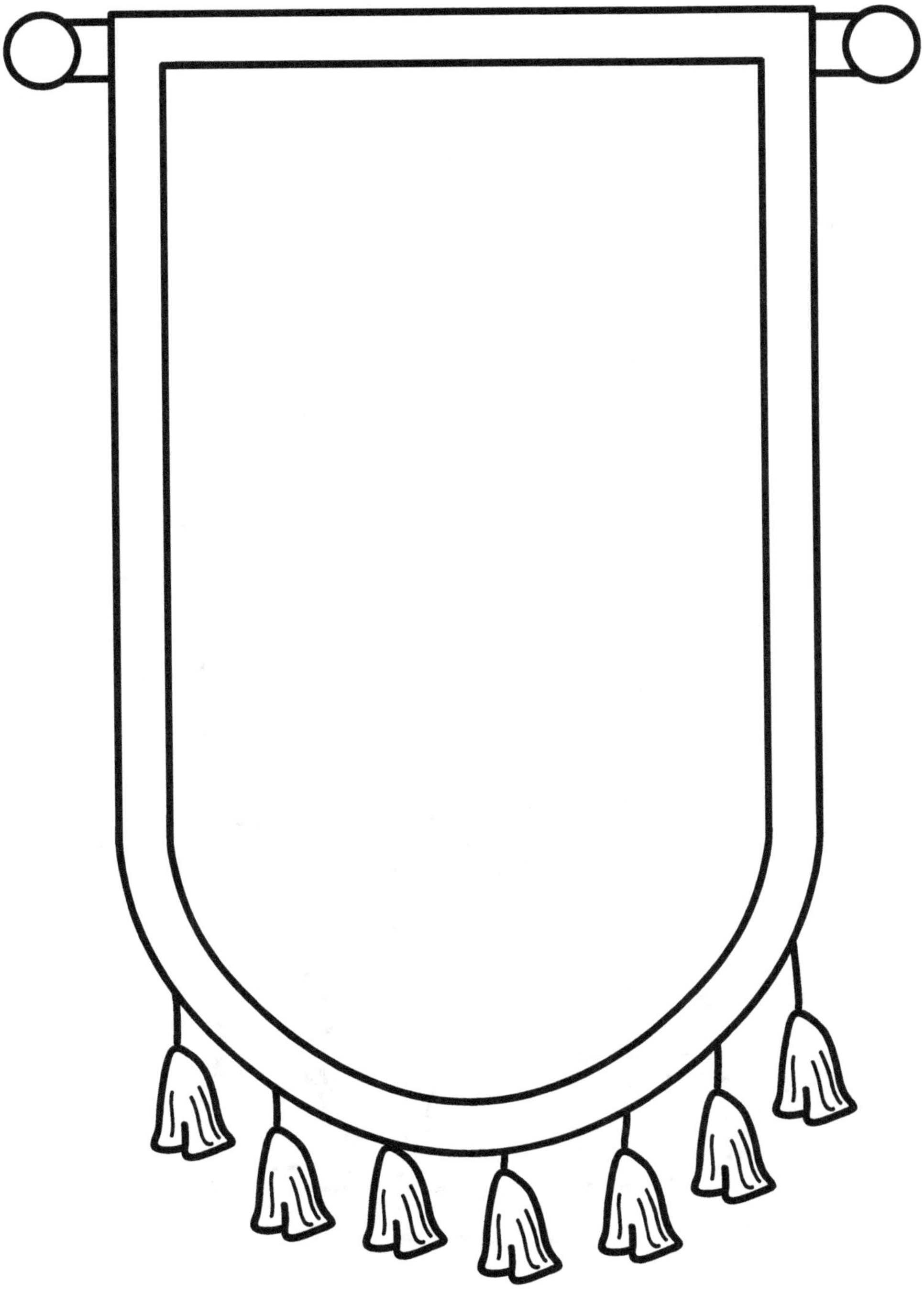

Dioses falsos

Dios quería que los israelitas solo lo adoraran a Él. Les dijo que quemaran los falsos dioses de la gente (Deuteronomio 7:25). Traza una línea de puntos desde cada objeto hasta el fuego. Colorea los dibujos.

Batalla de Hai

Los israelitas incendiaron la ciudad de Hai.
Ganaron la batalla (Josué 8).
Dibuja el humo y el fuego para completar el cuadro.

Sigue el camino hacia Canaán

Ayuda a los israelitas a llegar a la Tierra Prometida siguiendo el camino de la A a la Z.

La tierra prometida

En la tierra de Canaán, cada tribu recibió un pedazo de tierra. Utiliza el código de colores para terminar el mapa.

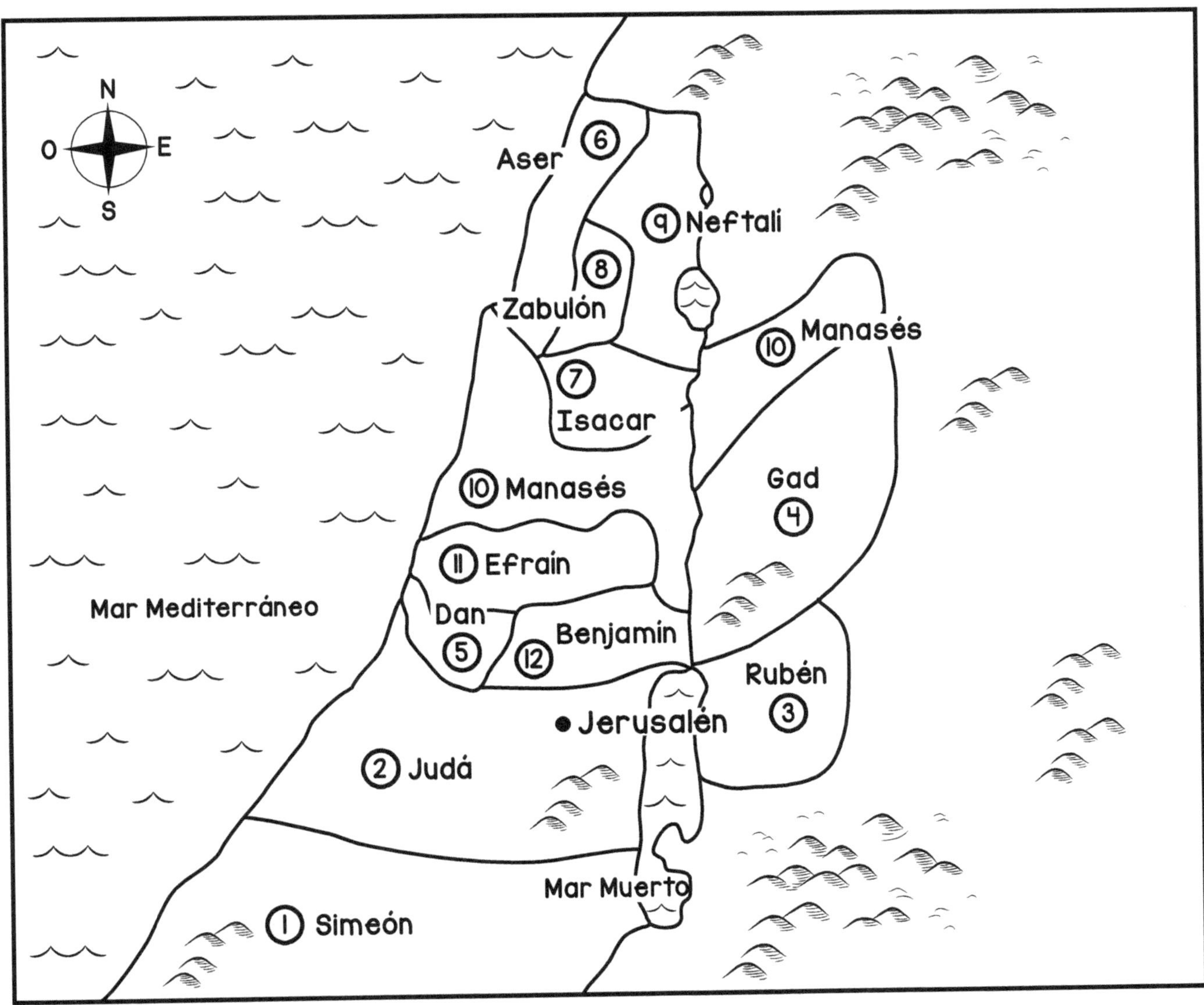

1 = verde (Simeón)
2 = púrpura (Judá)
3 = naranja (Rubén)
4 = gris (Gad)
5 = azul (Dan)
6 = amarillo (Aser)
7 = azul claro (Isacar)
8 = blanco (Zabulón)
9 = rosa (Neftalí)
10 = verde claro (Manasés)
11 = negro (Efraín)
12 = marrón (Benjamín)

Aprendamos hebreo

Los hijos y nietos de Jacob (Israel)

Re'uven

El nombre hebreo de Rubén es Re'uven.
Rubén fue el primer hijo de Jacob (Israel). Rubén impidió que sus hermanos mataran a José (Génesis 37).

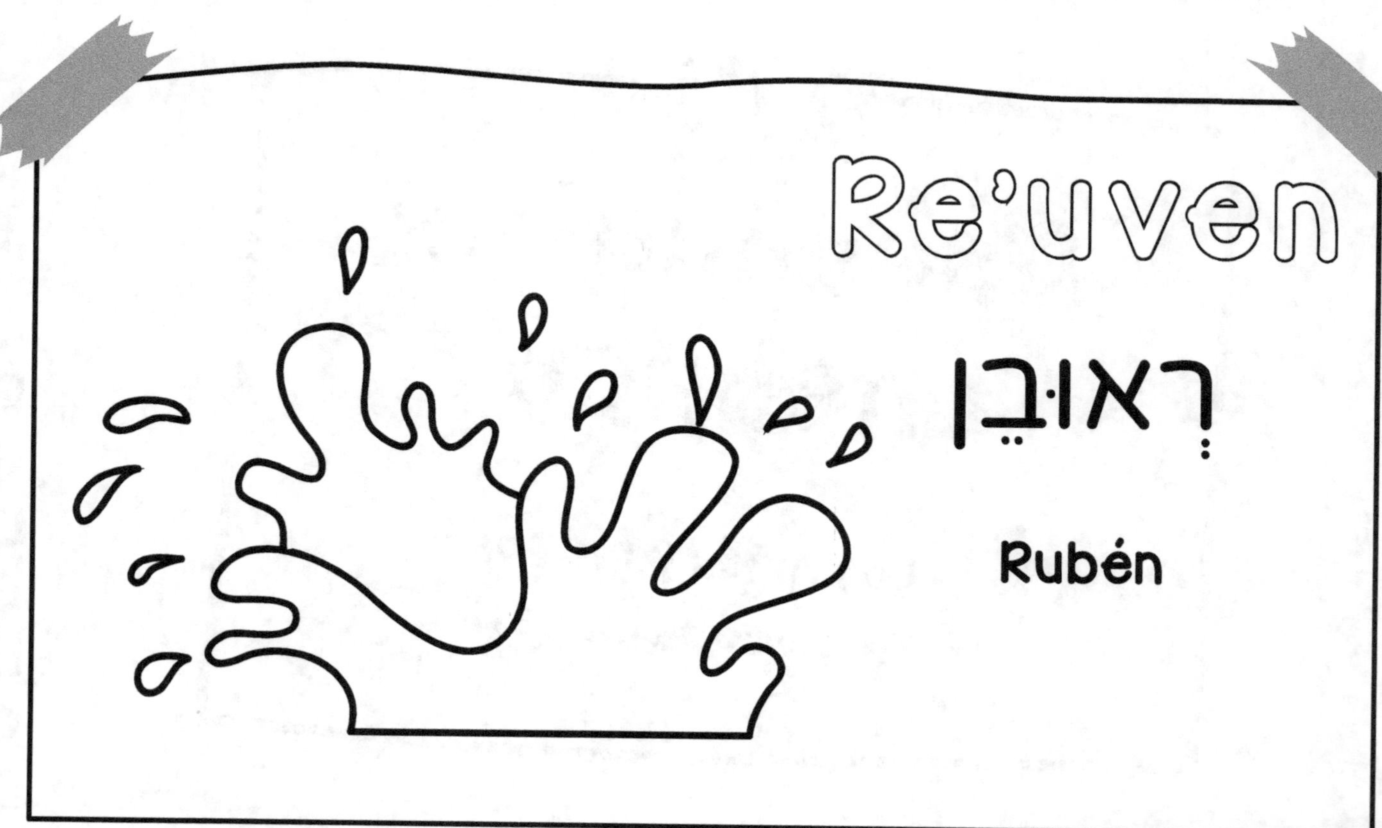

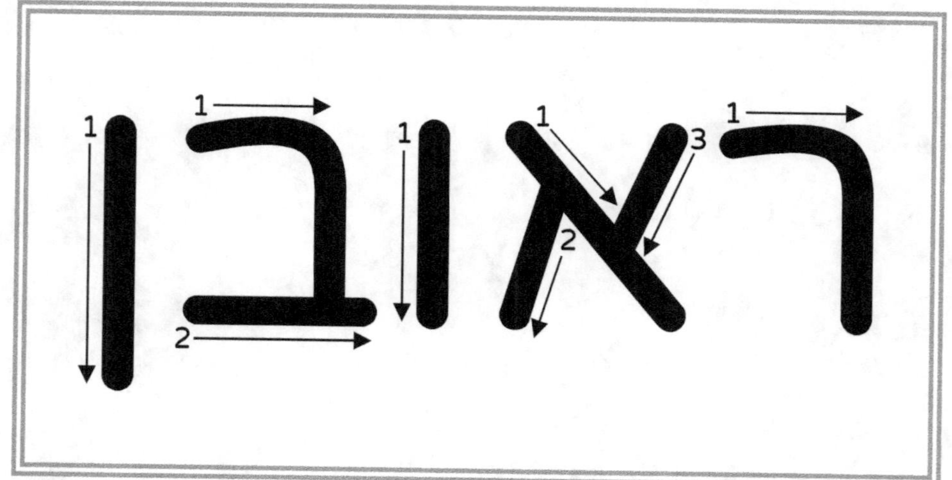

¡Vamos a escribir!

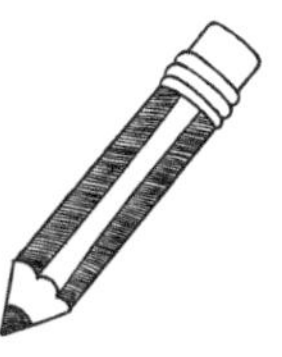

Practica a escribir del nombre hebreo de Rubén en las líneas de abajo.

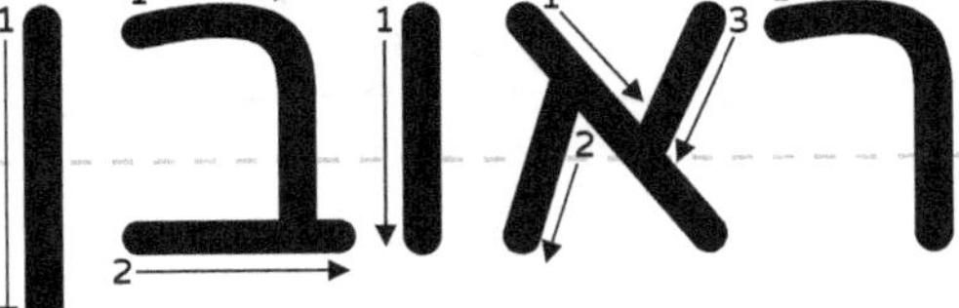

ראובן

Intenta esto por tu cuenta.
Recuerda que el hebreo se lee de DERECHA a IZQUIERDA.

Shim'on

El nombre hebreo de Simeón es Shim'on. Simeón era el segundo hijo de Jacob (Israel). Cuando los hijos de Jacob fueron a Egipto a comprar comida, José puso a Simeón en prisión (Génesis 42-43).

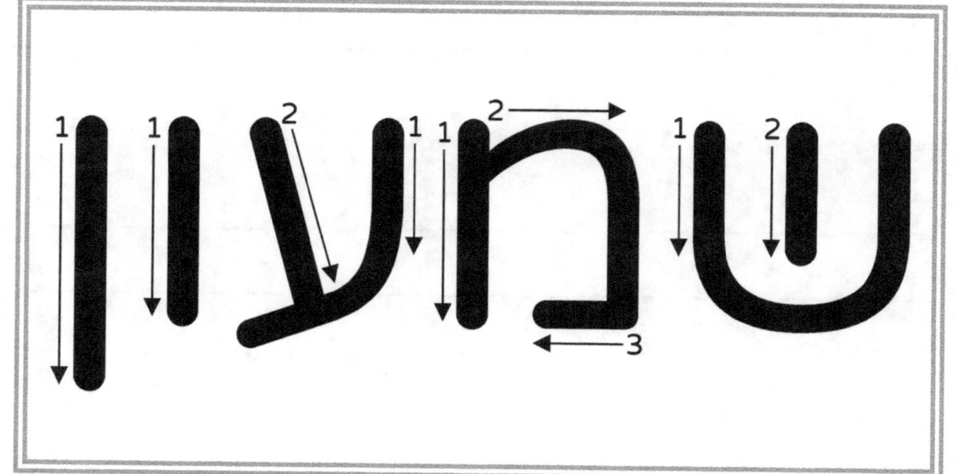

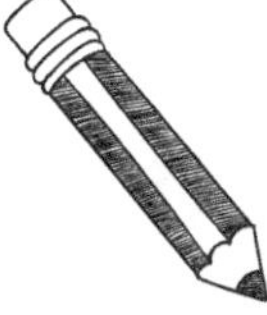

¡Vamos a escribir!

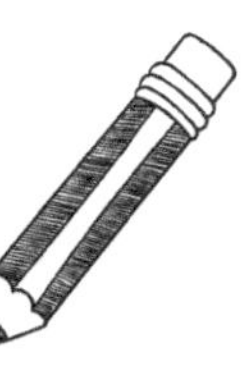

Practica a escribir del nombre hebreo
de Simeón en las líneas de abajo.

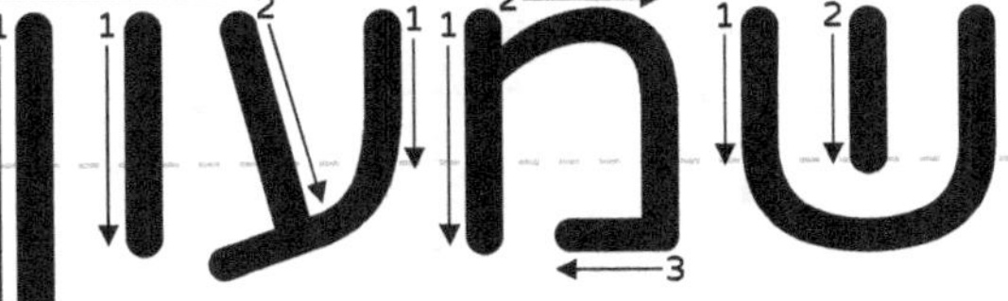

שמעון

Intenta esto por tu cuenta.
Recuerda que el hebreo se lee de DERECHA a IZQUIERDA.

Levi

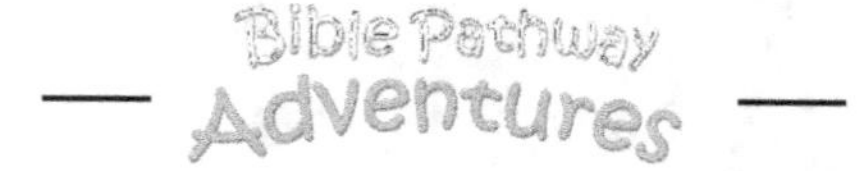

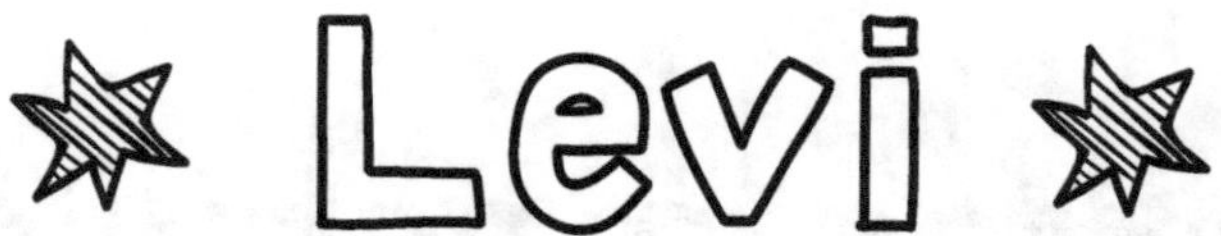

El nombre hebreo de Leví es Levi. Leví era el tercer hijo de Jacob (Israel). Los sacerdotes eran elegidos de la tribu de Leví. Ellos cuidaban del tabernáculo y enseñaban la Torá.

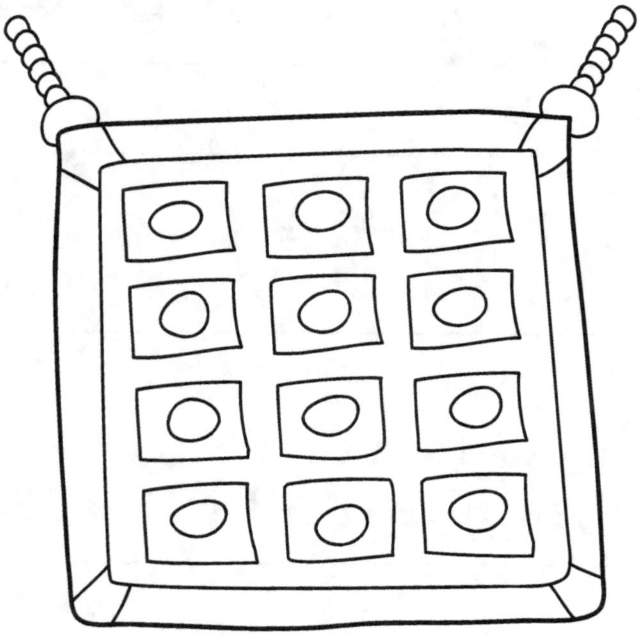

Levi

לֵוִי

Leví

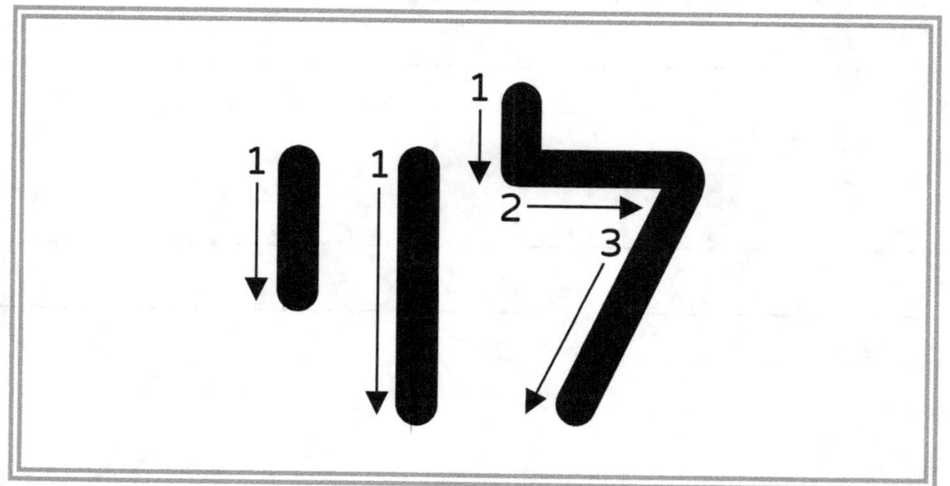

¡Vamos a escribir!

Practica a escribir del nombre hebreo de Leví en las líneas de abajo.

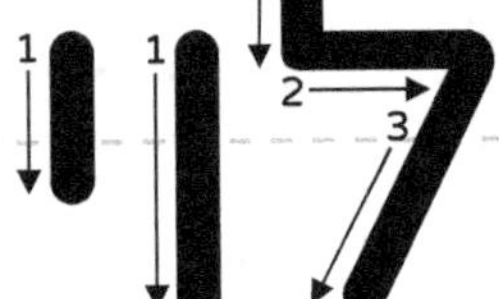

לוי

Intenta esto por tu cuenta.
Recuerda que el hebreo se lee de DERECHA a IZQUIERDA.

Yehudah

El nombre hebreo de Judá es Yehudah. Judá era el cuarto hijo de Jacob (Israel). Judá les dijo a sus hermanos que vendieran a José a los traficantes de esclavos. Yeshua es de la tribu de Judá.

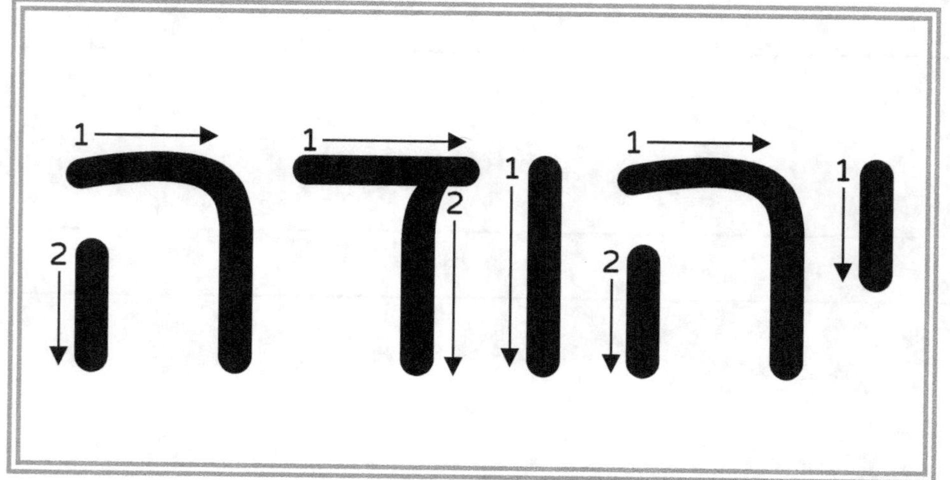

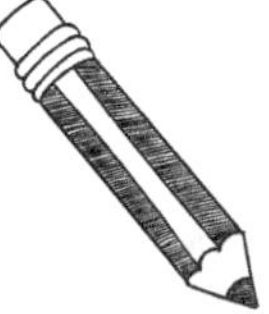

¡Vamos a escribir!

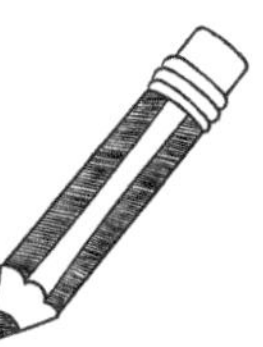

Practica a escribir del nombre hebreo de Judá en las líneas de abajo.

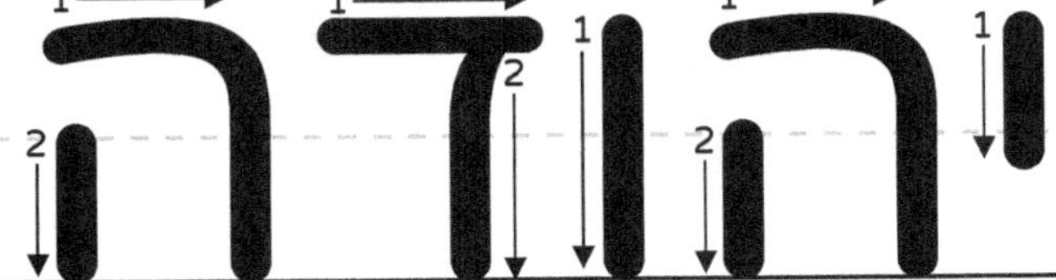

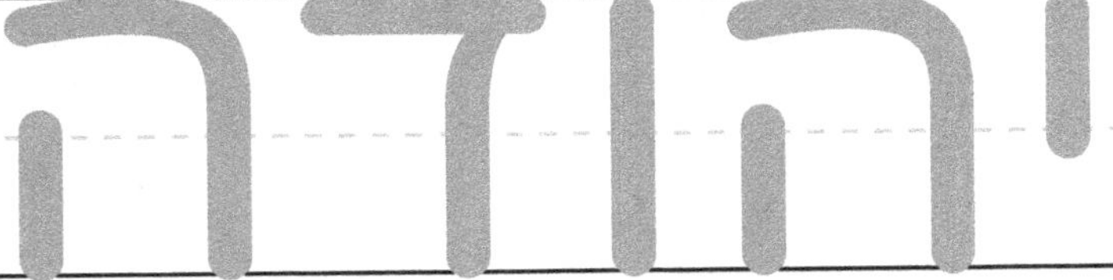

Intenta esto por tu cuenta.
Recuerda que el hebreo se lee de DERECHA a IZQUIERDA.

Dan

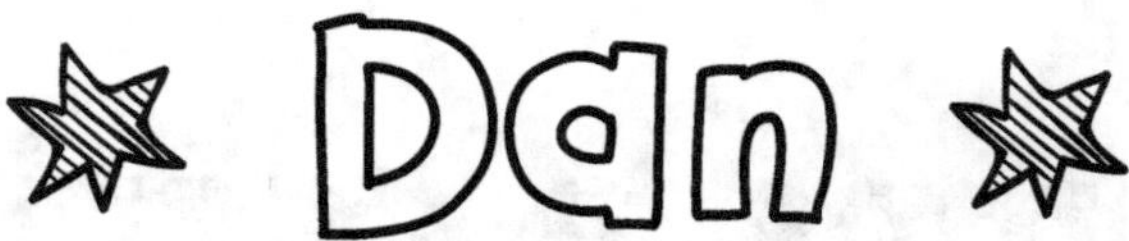

El nombre hebreo de Dan es Dan.
Dan era el quinto hijo de Jacob (Israel).
Sansón era de la tribu de Dan (Jueces 13:2).

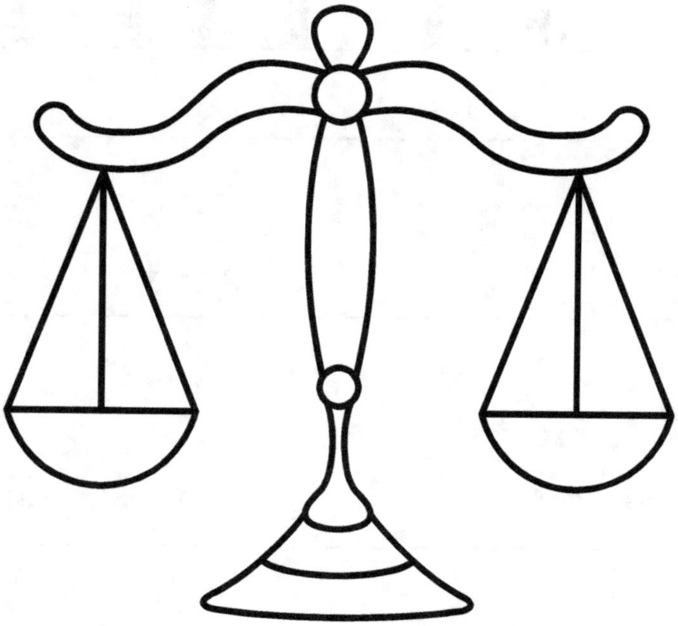

Dan

דָן

Dan

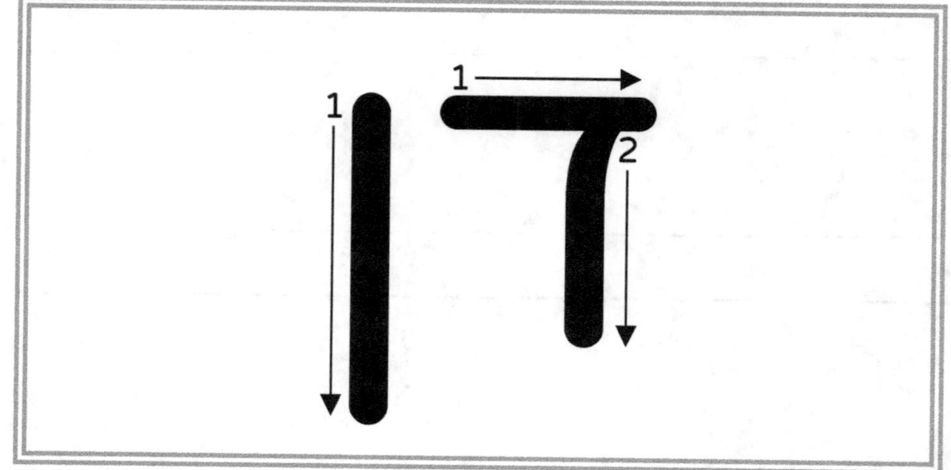

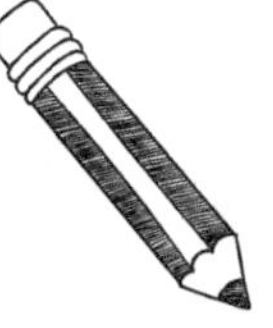

¡Vamos a escribir!

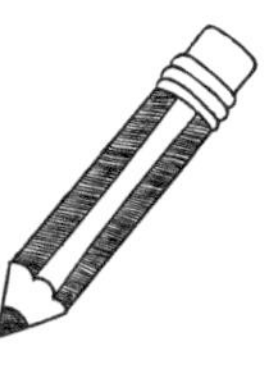

Practica a escribir del nombre hebreo de Dan en las líneas de abajo.

דן

דן

Intenta esto por tu cuenta.
Recuerda que el hebreo se lee de DERECHA a IZQUIERDA.

Naftali

El nombre hebreo de Neftalí es Naftali. Neftalí era el sexto hijo de Jacob (Israel). La tribu de Neftalí ayudó a Gedeón y a David a luchar contra sus enemigos.

Naftali

נַפְתָּלִי

Neftalí

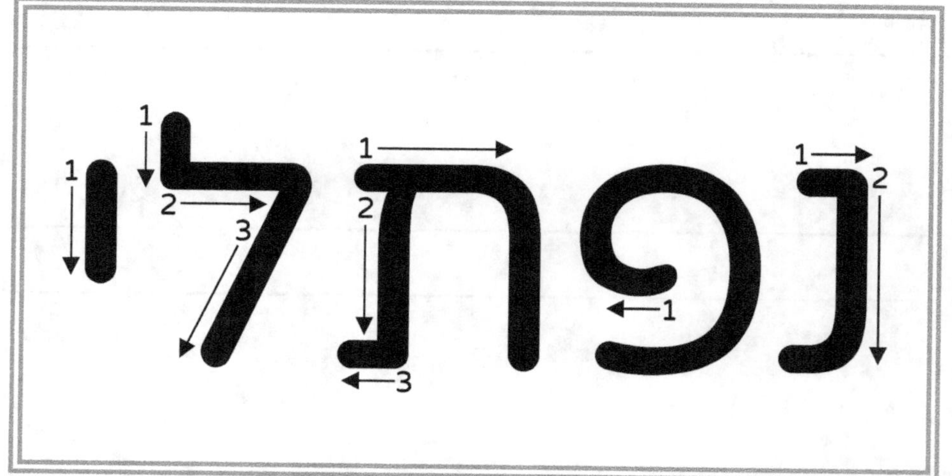

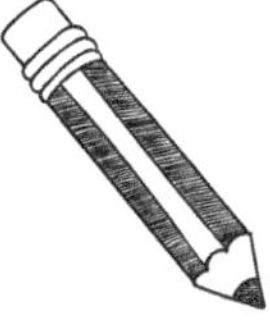

¡Vamos a escribir!

Practica a escribir del nombre hebreo de Neftalí en las líneas de abajo.

נפתלי

נפתלי

Intenta esto por tu cuenta.
Recuerda que el hebreo se lee de DERECHA a IZQUIERDA.

Gad

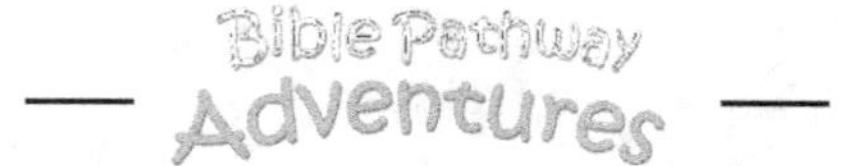

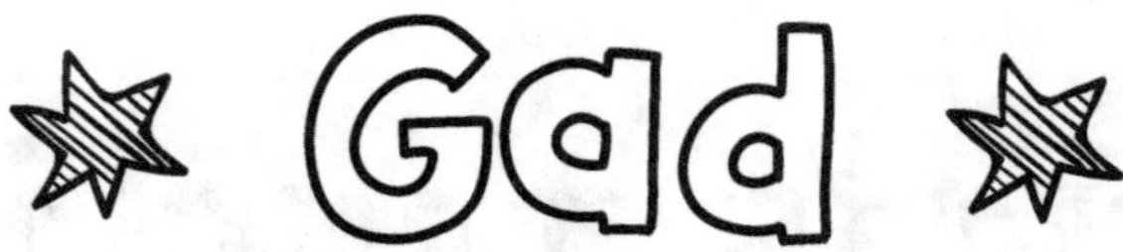

El nombre hebreo de Gad es Gad. Gad era el séptimo hijo de Jacob (Israel). Los hombres de la tribu de Gad eran valientes guerreros, siempre listos para la batalla.

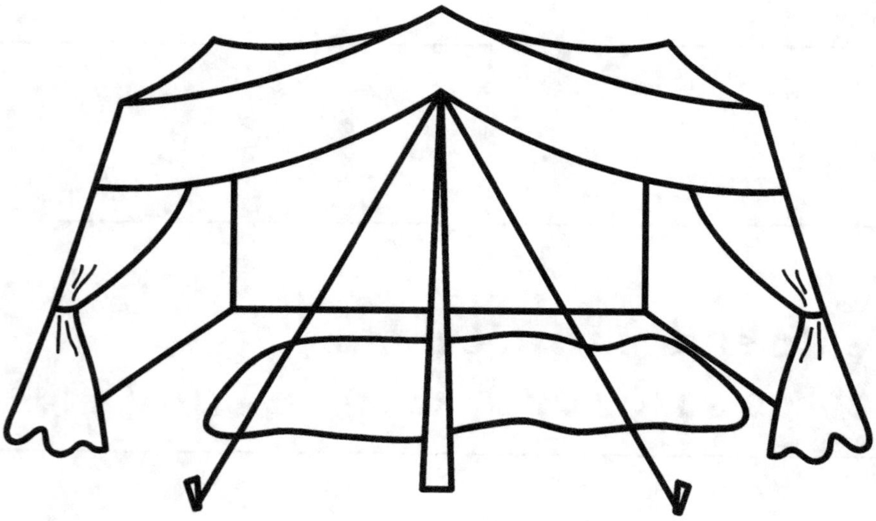

Gad

גָד

Gad

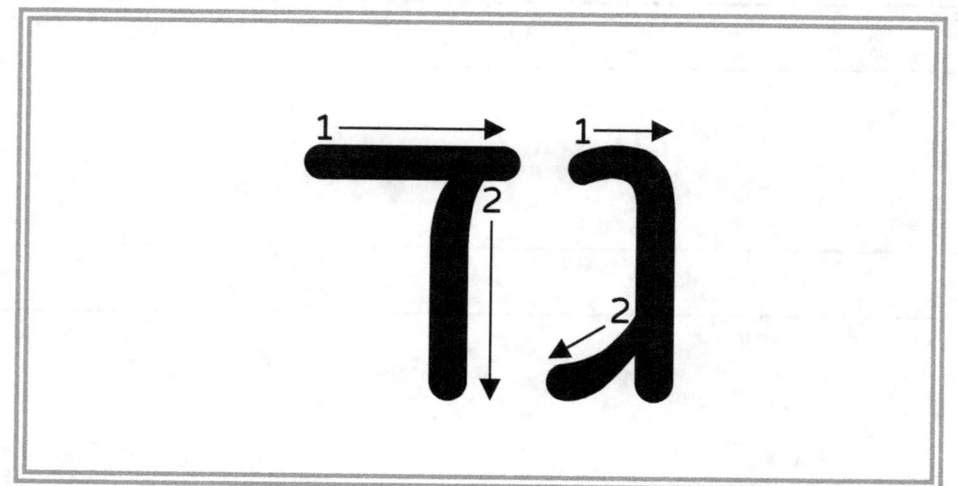

¡Vamos a escribir!

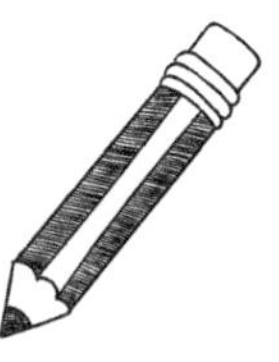

Practica a escribir del nombre hebreo de Gad en las líneas de abajo.

גד

גד

Intenta esto por tu cuenta.
Recuerda que el hebreo se lee de DERECHA a IZQUIERDA.

Asher

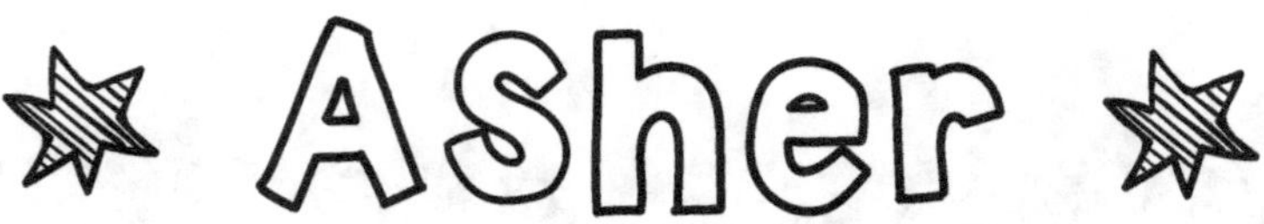

El nombre hebreo de Aser es Asher. Asher era el octavo hijo de Jacob (Israel). La tribu de Asher cultivaba aceitunas y hacía mucho aceite de oliva.

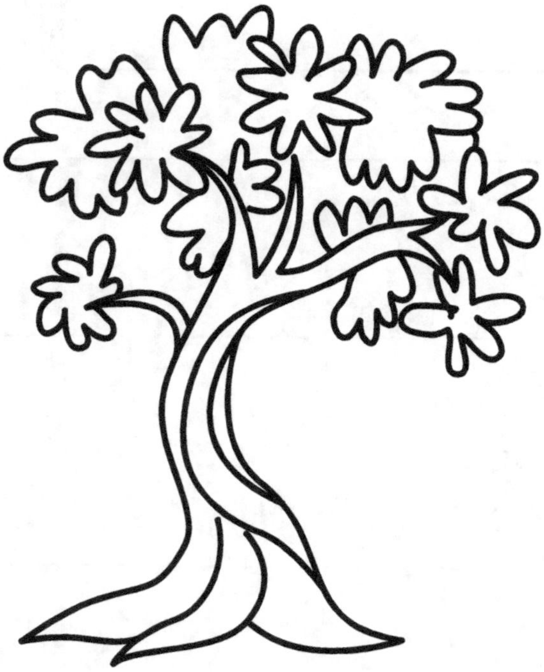

Asher

אָשֵׁר

Aser

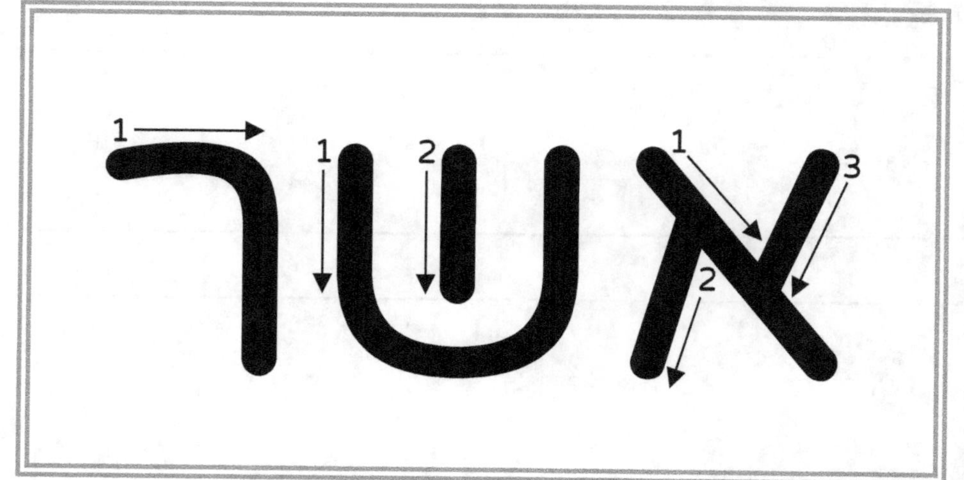

¡Vamos a escribir!

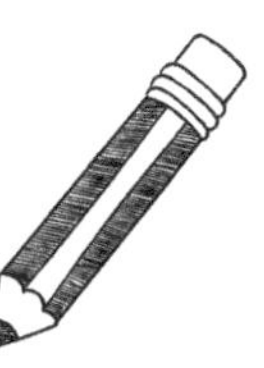

Practica a escribir del nombre hebreo de Aser en las líneas de abajo.

אשר

אשר

Intenta esto por tu cuenta.
Recuerda que el hebreo se lee de DERECHA a IZQUIERDA.

El nombre hebreo de Isacar es Yisachar.
Isacar era el noveno hijo de Jacob (Israel).
A la tribu de Isacar le gustaba estudiar la Torá.

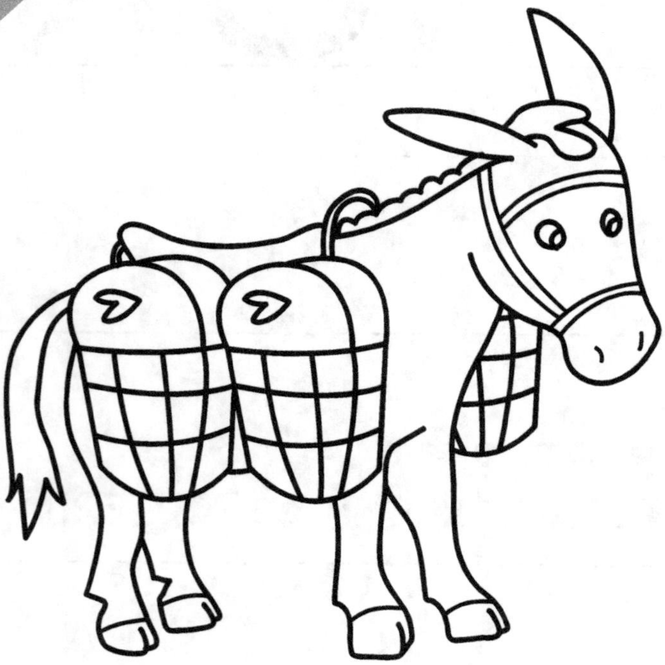

Yisachar

יִשָּׂשׂכָר

Isacar

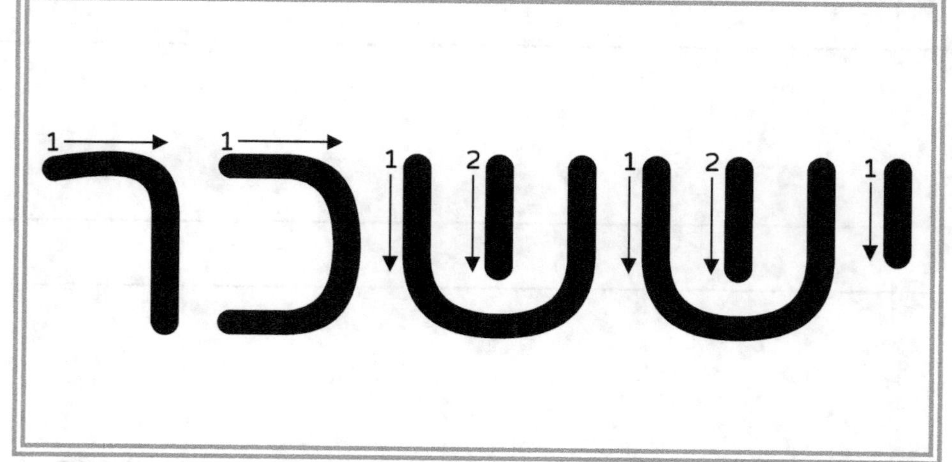

¡Vamos a escribir!

Practica a escribir del nombre hebreo de Isacar en las líneas de abajo.

יששכר

יששכר

Intenta esto por tu cuenta.
Recuerda que el hebreo se lee de DERECHA a IZQUIERDA.

Zevulun

El nombre hebreo de Zabulón es Zevulun. Zabulón fue el décimo hijo de Jacob (Israel). Jacob bendijo a Zebulón diciendo: "Vivirás junto al mar y serás un lugar seguro para los barcos".

Zevulun

זְבוּלוּן

Zabulón

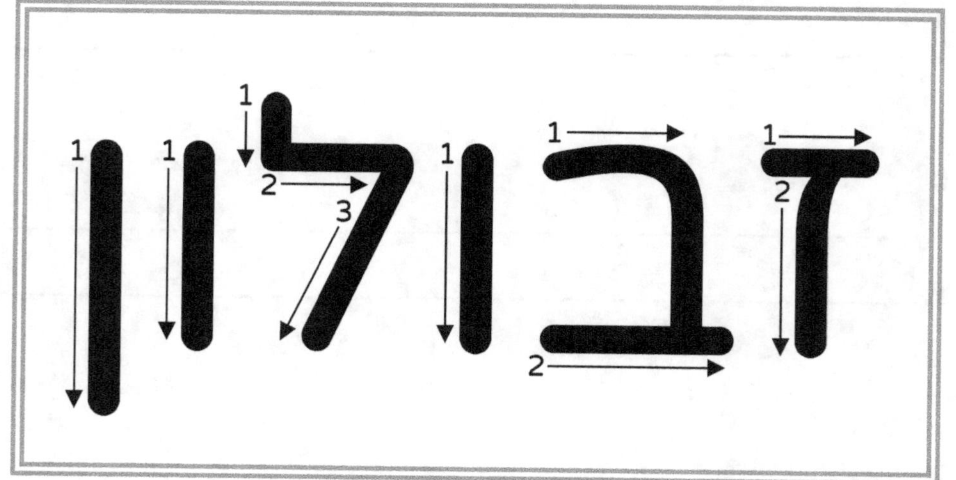

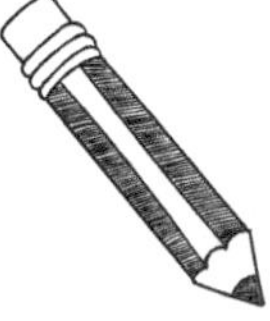

¡Vamos a escribir!

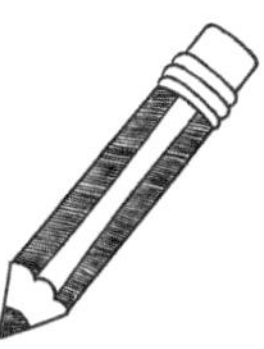

Practica a escribir del nombre hebreo
de Zabulón en las líneas de abajo.

זבולון

זבולון

Intenta esto por tu cuenta.
Recuerda que el hebreo se lee de DERECHA a IZQUIERDA.

El nombre hebreo de José es Yosef. José era el undécimo hijo de Jacob (Israel). Sus hermanos lo vendieron como esclavo. Pero más tarde, ayudó a gobernar la tierra de Egipto.

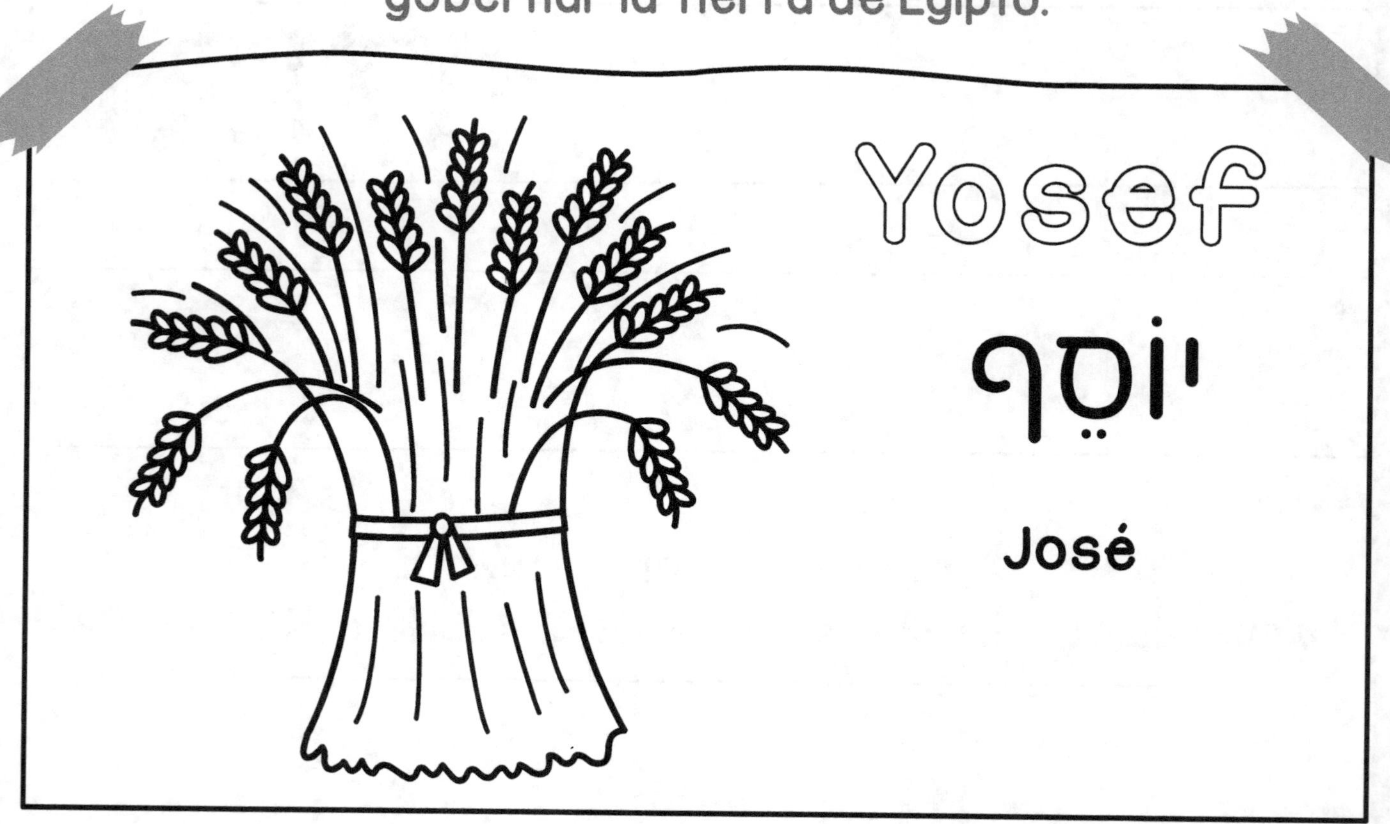

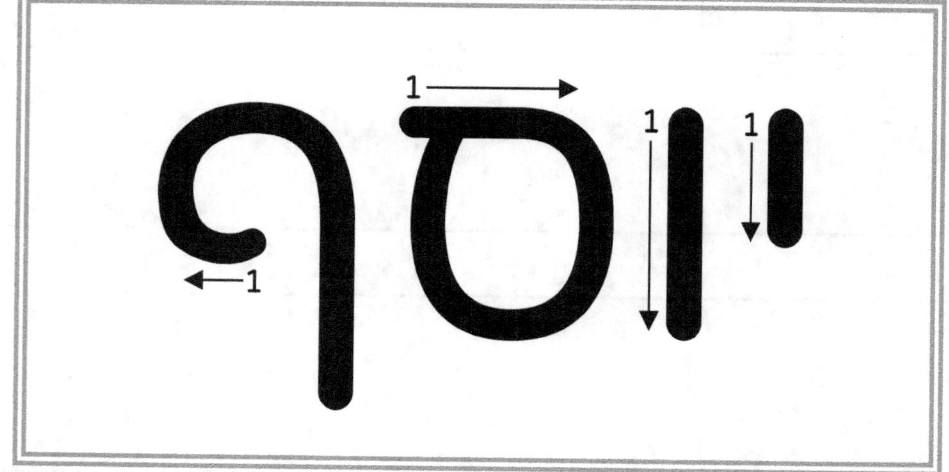

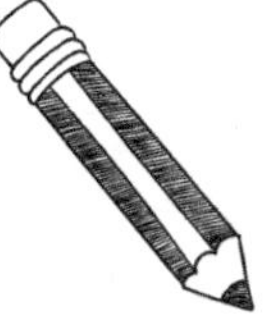

¡Vamos a escribir!

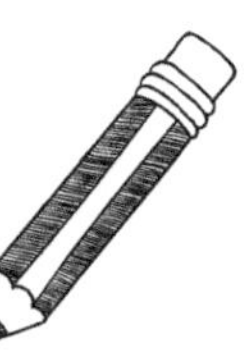

Practica a escribir del nombre hebreo de José en las líneas de abajo.

יוסף

יוסף

Intenta esto por tu cuenta.
Recuerda que el hebreo se lee de DERECHA a IZQUIERDA.

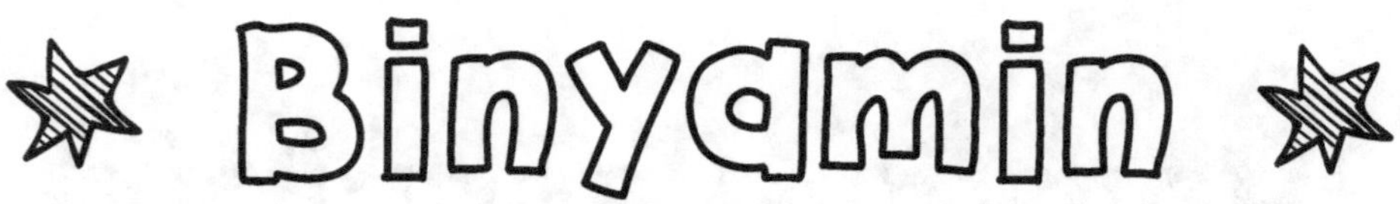

Binyamin

El nombre hebreo de Benjamín es Binyamin.
Benjamín era el duodécimo hijo de Jacob (Israel).
Los de la tribu de Benjamín eran buenos luchadores.
Usaban arcos y flechas para ganar batallas.

Binyamin

בִּנְיָמִין

Benjamín

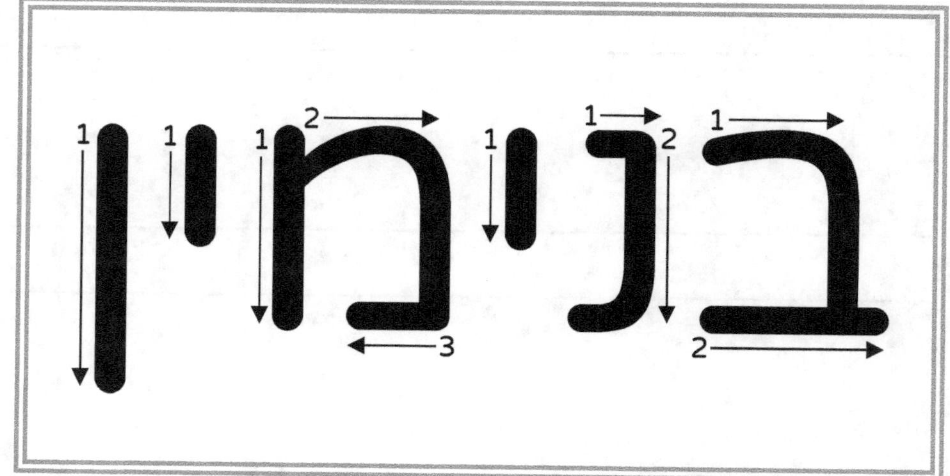

¡Vamos a escribir!

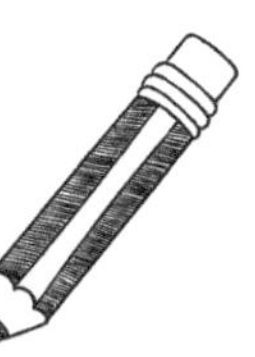

Practica a escribir del nombre hebreo de Benjamín en las líneas de abajo.

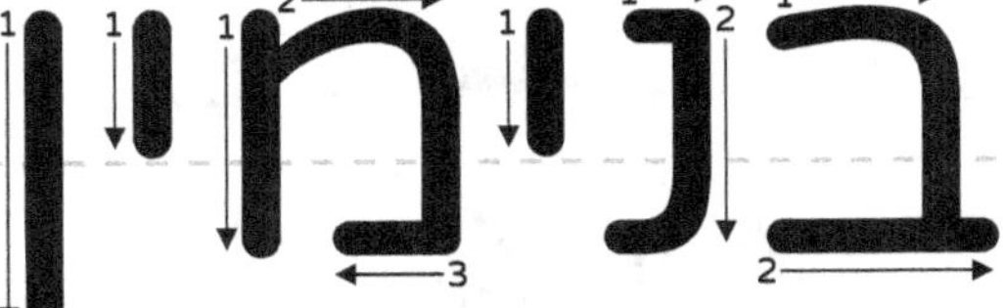

בנימין

Intenta esto por tu cuenta.
Recuerda que el hebreo se lee de DERECHA a IZQUIERDA.

El nombre hebreo de Manasés es Menasheh.
Manasés era hijo de José y nieto de Jacob (Israel).
Gedeón era de la tribu de Manasés (Jueces 6:15).

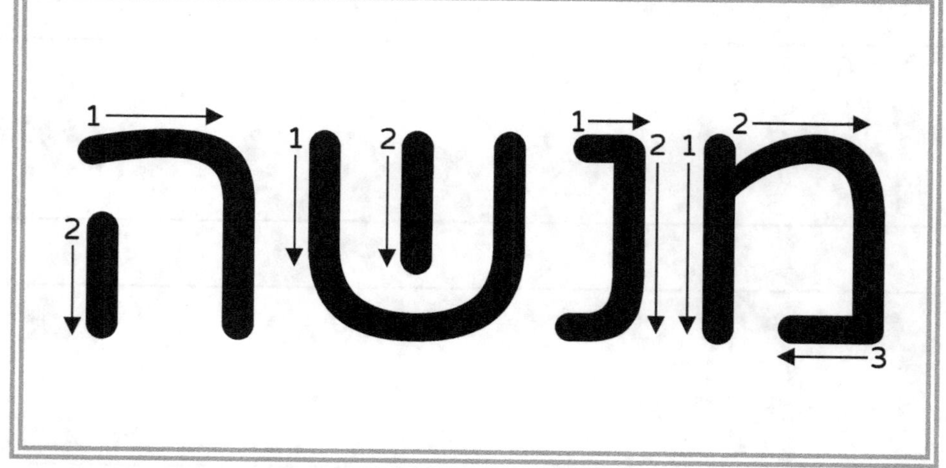

¡Vamos a escribir!

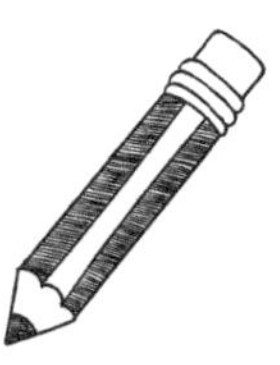

Practica a escribir del nombre hebreo de Manasés en las líneas de abajo.

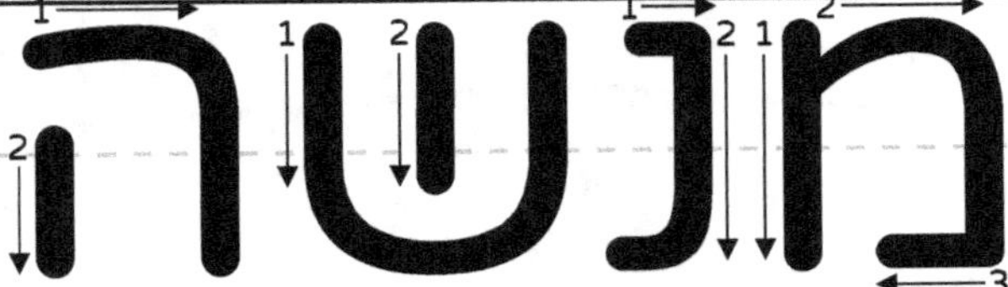

מנשה

Intenta esto por tu cuenta.
Recuerda que el hebreo se lee de DERECHA a IZQUIERDA.

Efrayim

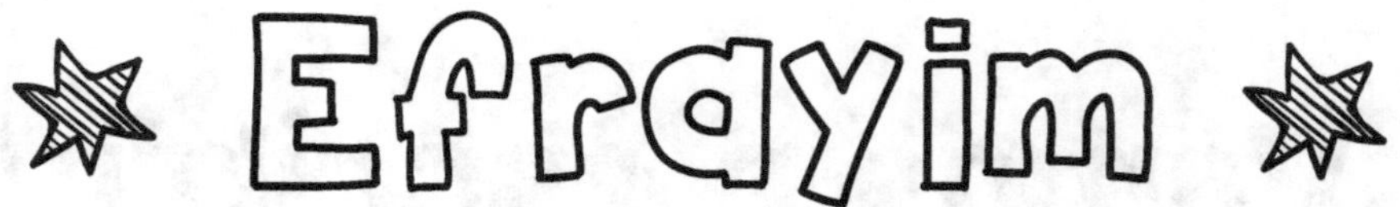

El nombre hebreo de Efraín es Efrayim.
Efraín era hijo de José y nieto de Jacob (Israel).
Josué era de la tribu de Efraín.

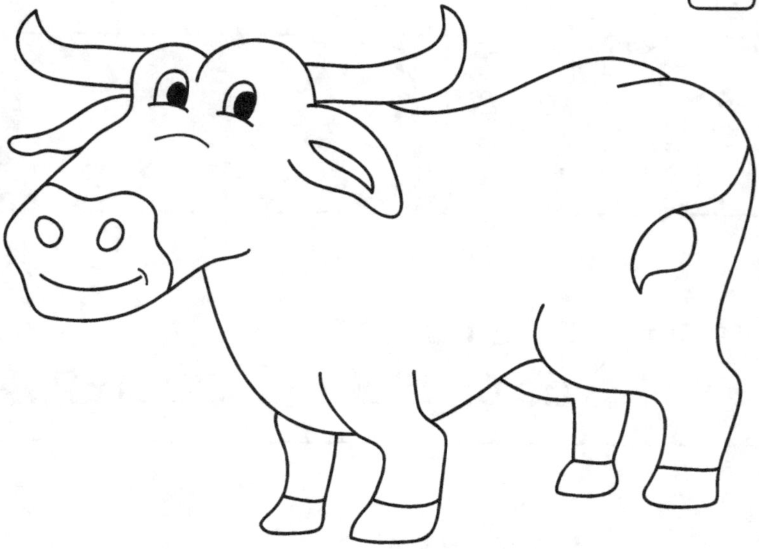

Efrayim

אֶפְרַיִם

Efraín

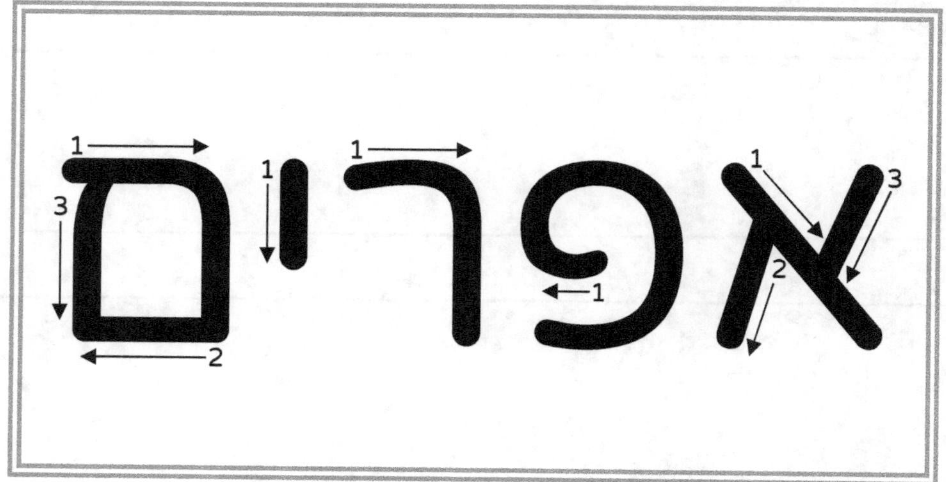

¡Vamos a escribir!

Practica a escribir del nombre hebreo de Efraín en las líneas de abajo.

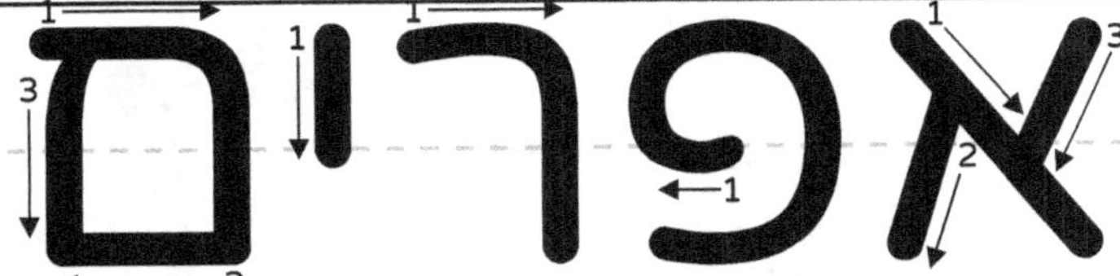

אפרים

Intenta esto por tu cuenta.
Recuerda que el hebreo se lee de DERECHA a IZQUIERDA.

Tarjetas
Los hijos y nietos
de Jacob (Israel)

Recorta las tarjetas y pégalas
en tu casa o en tu clase.

ראובן

Re'uven / Rubén

1

שמעון

Shim'on / Simeón

2

יהודה

Yehudah / Judá

3

יששכר

Yisachar / Isacar

4

דן
Dan / Dan
5

נפתלי
Naftali / Neftalí
6

גד
Gad / Gad
7

אשר
Asher / Aser
8

זבולון
Zevulun / Zabulón
9

בנימין
Binyamin / Benjamín
10

מנשה
Menasheh / Manasés
11

אפרים
Efrayim / Efraín
12

יוסף
Yosef / José
13

לוי
Levi / Leví
14

Estandartes

Las doce tribus de Israel
(Números 1:1-42)

RUBÉN

SIMEÓN

JUDÁ

DAN

NEFTALÍ

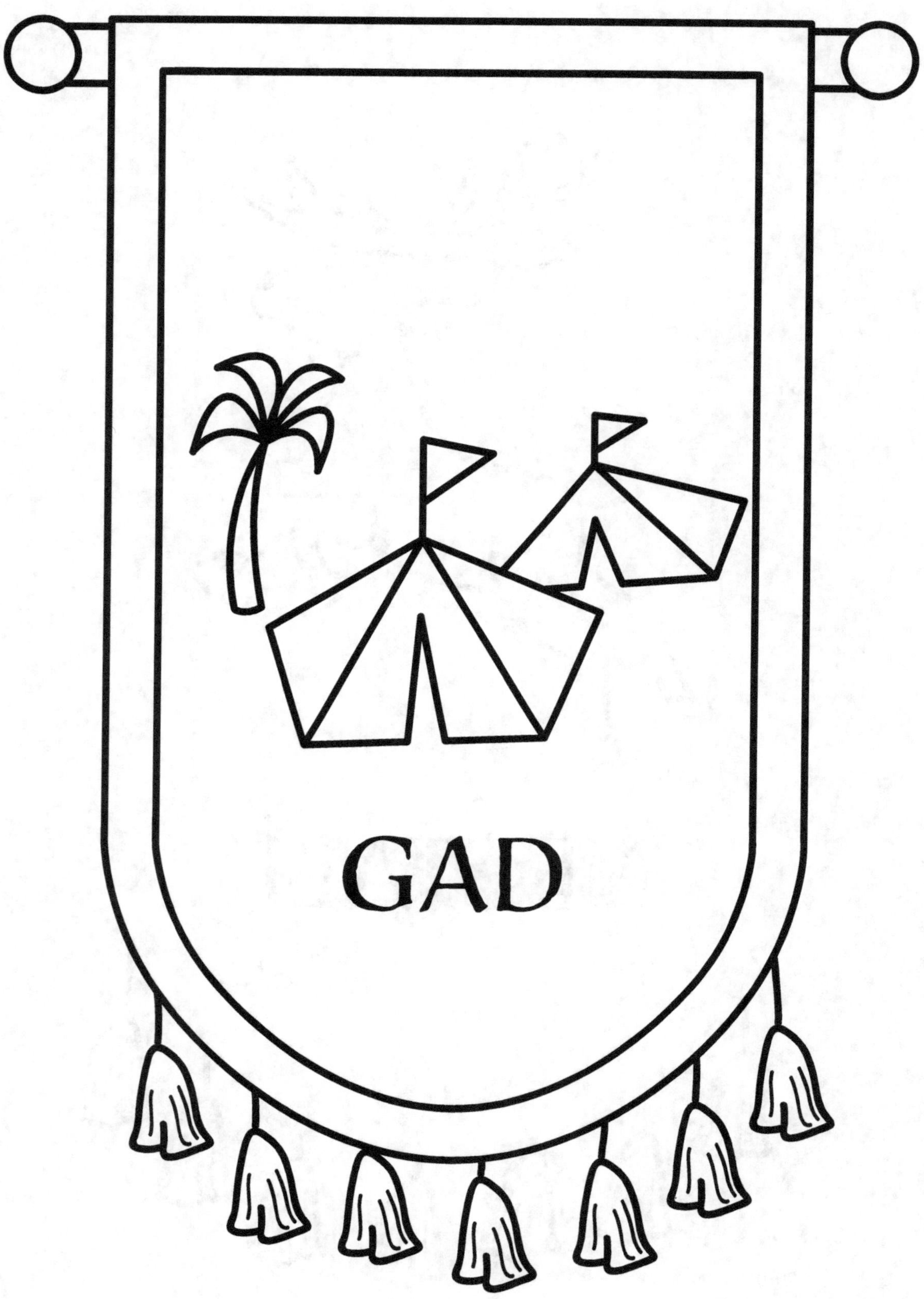
GAD

ASER

ISACAR

ZABULÓN

BENJAMÍN

EFRAÍN

MANASÉS

Manualidades
y Proyectos

Diez plagas de Egipto

Imprime y colorea las diez plagas de Egipto.
Recorta cada plaga y pégala en un palo de madera.

5
6
7
8
9
10

Los israelitas hacen un becerro de oro

Aarón hizo un becerro de oro para que los israelitas lo adoraran. A Dios no le gustó (Éxodo 32). Colorea y recorta las personas. Colócalas alrededor del ternero.

Aarón

Israelita

Israelita

El tabernáculo

Los israelitas hicieron muebles especiales para el tabernáculo. Recorta los muebles y colócalos en el tabernáculo.

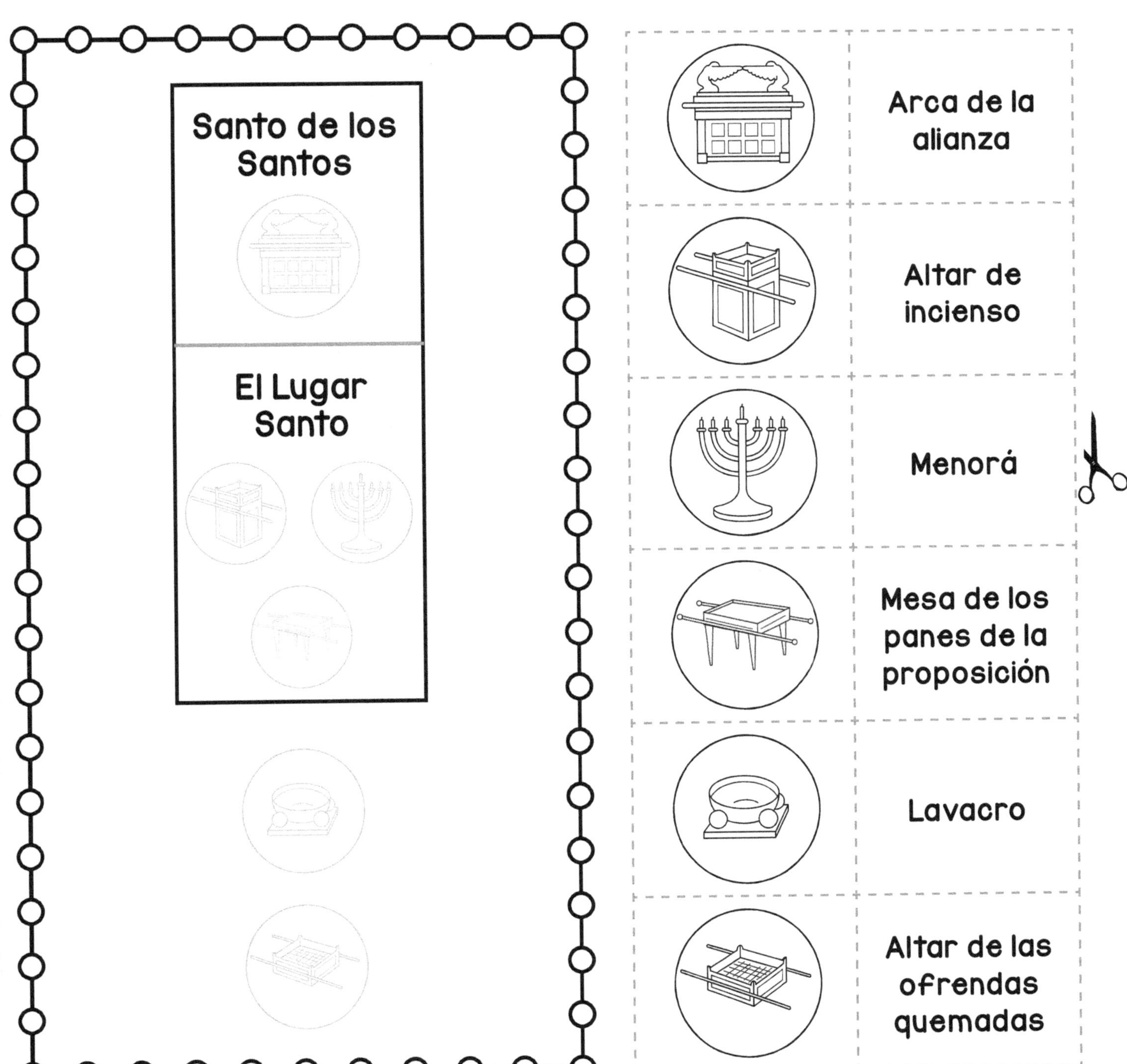

¡Hagamos una menorá!

Los israelitas hicieron una menorá de oro (candelabro) para ponerla dentro del tabernáculo. Colorea y recorta tu menorá y las velas. Pega las velas a la menorá.

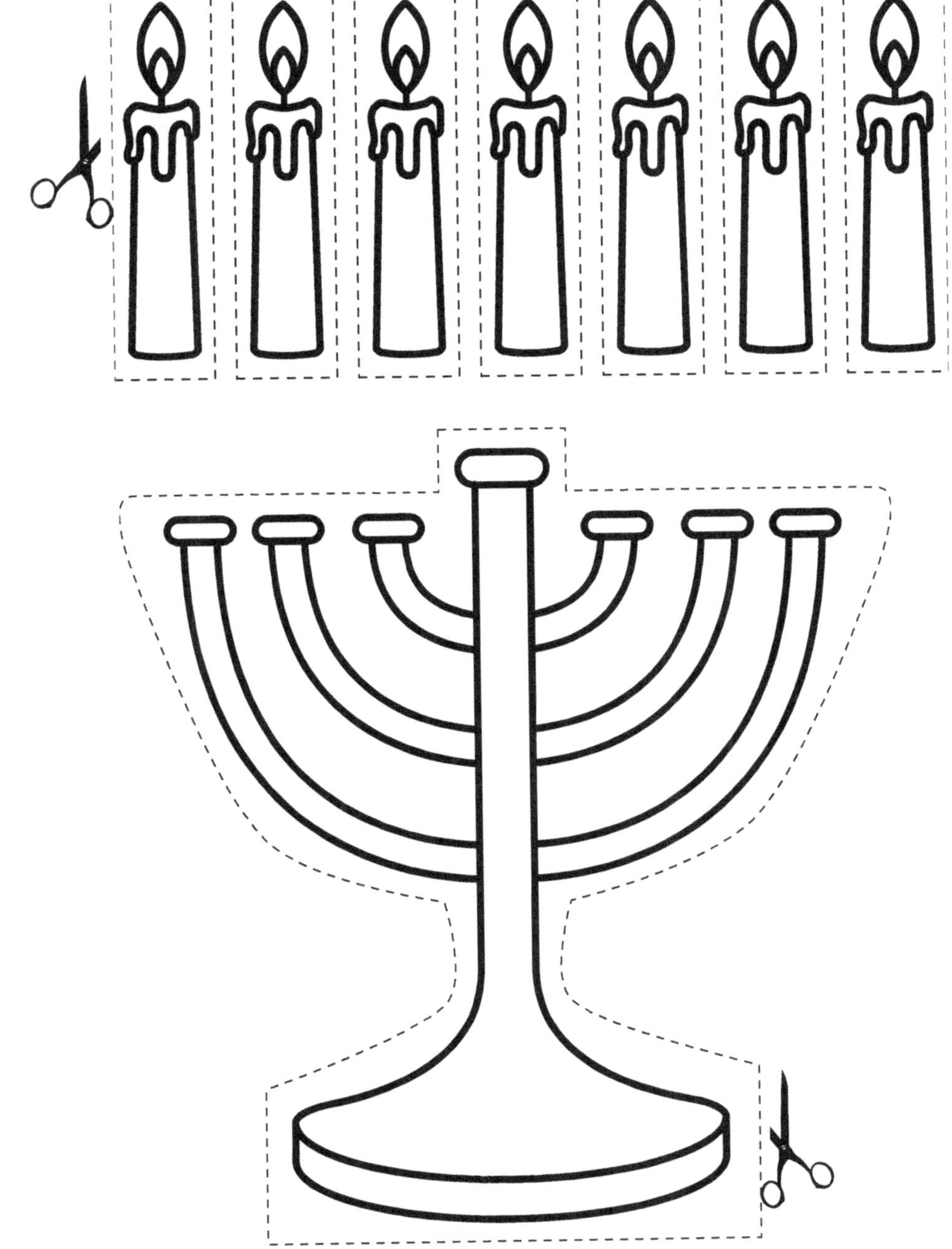

Descubre más Libros de Actividades!

Disponibles para comprar en shop.biblepathwayadventures.com

¡DESCARGA INSTANTÁNEA!

Libro de Actividades de las Fiestas de Otoño
Las Fiestas de Otoño para Principiantes
Libro de Actividades Festivos de Primavera para Principiantes
Libro de Actividades de las Fiestas de la Primavera
Bereshit | Génesis - Libro de Actividades con Porciones de la Torá
Shemot | Éxodo - Libro de Actividades con Porciones de la Torá
Vayikra | Levítico - Libro de Actividades con Porciones de la Torá
Libro de Actividades de la Porción Semanal de la Torá

www.ingramcontent.com/pod-product-compliance
Lightning Source LLC
Chambersburg PA
CBHW081330120626
46546CB00011B/3287
9781989961759